JN039845

世界一
わかりやすい
韓国語
の
教科書

YUKIKAWA
유키카와

KADOKAWA

はじめに

私が韓国語を勉強しようと思ったきっかけはK-POPです。韓国の歌手の方が日本で活躍されており、「この曲いいな！」とCDを買ったり、「ダンスが上手だな！」とLIVE DVDを見たりしていました。そして、日本語バージョンではなく韓国語の歌詞の曲を聞くようになり、韓国語をもっと知りたい、理解したいと思うようになったのが韓国語との出会いでした。

最初は、見慣れない記号みたいな文字に「これ、理解できるようになるのかな？」と、不安にもなりました。ですが、日本語と似ている発音の単語も多く、次第にハングルを書けたり読めたりできるようになってくると、「あれ私、韓国語分かり始めたぞ！」と嬉しくなったものです。

そして、韓国語の勉強の復習のためにブログを開設し、日々覚えた単語や韓国ドラマを見て気になったフレーズなどの紹介を始めました。ブログ開設時は、1日の訪問者が10人ほどのときもありましたが、今では多い日で2万人近くの方が訪問してくださる日もあります。

韓国語の勉強を続けていく中で、いつしか外国語の勉強に消極的な方でも、「韓国語なら私にも…」と勉強を始める手助けになるような本を作りたいと思うようになりました。

ハングルは、意味は分からなくても読むことができる文字で、「賢い人なら半日、暗記が苦手でも3日あれば覚えられる」と言われています。この本では、韓国語を学ぶうえで不可欠なハングルの知識、簡単な文法が理解できるようわかりやすくまとめました。

本の出版にあたり、制作に携わってくださったすべての皆様に、心より感謝申し上げます。

この本を手にした読者の皆様が、これからもっと韓国を好きに、そして韓国語を楽しむ第一歩になれたら、嬉しい限りです。

YUKIKAWA

世界一わかりやすい韓国語の教科書　目次

Chapter 4　韓国語の文法 103

Chapter 5　基本フレーズ

ハングルのしくみ

韓国語を覚えるのは、
まず韓国語の文字である「ハングル」を知ることから始まります。
最初は「記号みたい……」と思える文字でも、
法則がわかれば読めるようになります。
まずは「ハングルのしくみ」についてご紹介しましょう。

ハングルの基本と文字構成

ハングルの歴史を知る

「ハングル(한글)」とは、韓国語と朝鮮語を表す文字のことを指し、日本語で言うところの「ひらがな」や「カタカナ」にあたります。

朝鮮半島では、15世紀半ばまで固有文字が存在せず、中国の漢字と漢字の音訓を借りた文字(吏読)を用いて文章を書いていましたが、漢字を理解できるのは学校に通うことができる一部のお金持ちのみ。一般の民衆は、書くことはおろか読むことも難しいことでした。

朝鮮王朝 第4代王の世宗大王(세종대왕〔セジョンテワン〕)が、自分たちの言葉を表記する文字の必要性を感じ、学者たちに命じて作らせたのがハングルです。

ハングルが完成したのは、1443年。すぐに発表することなく1446年10月9日に「訓民正音」という名で公布されました。しかし、当初は身分の高い者たちから軽視され、広く普及せず一部の人の間でしか使用されていませんでした。

この文字は、朝鮮王朝末期の1894年に正式に国字化されます。
日本植民地時代に、ハングル(偉大なる文字という意味)という新しい名前で韓国語学者たちの間で定着しました。

本格的に普及し出したのは日本の植民地時代が終わった1945年以降と言われています。

ハングルは子音と母音の組み合わせ

ハングルは、人類が作った文字の中でもっとも合理的で科学的な文字だと言われています。一見馴染みのない記号のようですが、英語のアルファベットのように覚えることができます。

丸や四角の文字は子音で、縦や横の棒は母音です。
子音と母音を組み合わせて１つのハングルとなります。ローマ字を作る感覚と同じです。

か ＝ ㄱㅏ　　さ ＝ ㅅㅏ
　　　(k) 　(a)　　　　　(s) 　(a)

ローマ字の「あ＝a」「か＝ka」「さ＝sa」をハングルに当てはめると、「あ＝아」「か＝가」「さ＝사」となります。
日本語の「あ」の段をハングルで表すときは、母音の『ㅏ』を使用するということがわかります。そして、子音を表す ㅇ、ㄱ、ㅅ ……という文字に『ㅏ』を組み合わせると１つのハングルとなります。

母音のしくみ

ハングルの母音は、基本母音10個と複合母音11個に分けられます。
複合母音は「二重母音」「合成母音」とも言います。
21個ある母音ですが、元になる母音は6個です。
母音字は、天（太陽）、地（地平線）、人（人が立つ姿）からできています。

三才	ハングル	組み合わせ	イメージ
天	・	｜ ＋ ・＝ ㅏ ・＋ ｜ ＝ ㅓ	人の右側（東）に太陽が昇る 人の左側（西）に太陽が沈む
地	ー	・＋ ー ＝ ㅗ ー＋ ・ ＝ ㅜ ー	地平線の上に太陽がある 地平線の下に沈んだ太陽がある 平らな地
人	｜	｜	人が立っている姿

——┤ 2節 ├——

基本母音と複合母音

基本母音を知る

単語をつづるうえでの基本となる1つ1つの文字を"字母"と言います。まずは基本母音10個の字母を紹介します。

基本母音の発音

	字母	ローマ字	発音記号	発 音 の 特 徴
ア	ㅏ	a	a	大きく口を開けて発音
ヤ	ㅑ	ya	ja	上の「ㅏ」の口構えで発音
オ	ㅓ	eo	ɔ	「ア」の口構えで顎を引っ張る感じで発音
ヨ	ㅕ	yeo	jɔ	上の「ㅓ」の口構えで発音
オ	ㅗ	o	o	唇を丸くすぼめ、前に突き出して発音
ヨ	ㅛ	yo	jo	上の「ㅗ」の口構えで発音
ウ	ㅜ	u	u	唇を突き出して発音
ユ	ㅠ	yu	ju	上の「ㅜ」の口構えで発音
ウ	ㅡ	eu	ɯ	口を横に引き、上下の歯をかみ合わせるように発音
イ	ㅣ	i	i	口を横にやや長く引き発音

基本母音の書き順

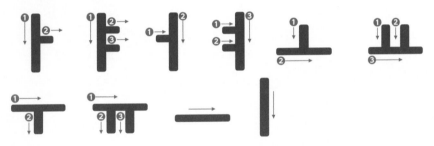

複合母音を知る

次は複合母音です。複合母音は全部で11個あります。

複合母音の発音

	二重字母	ローマ字	発音記号	発 音 の 特 徴
エ	ㅐ	ae	ɛ	日本語の「エ」より口を大きく開いて発音
イェ	ㅒ	yae	jɛ	上の「ㅐ」の口構えで「イェ」と発音
エ	ㅔ	e	e	日本語の「エ」より口を小さく開いて発音
イェ	ㅖ	ye	je	上の「ㅔ」の口構えで「イェ」と発音
ワ	ㅘ	wa	wa	日本語の「ワ」とほぼ同じ発音
ウェ	ㅙ	wae	wɛ	口をしっかり開いて発音
ウェ	ㅚ	we	we	唇を突き出し「エ」に近い「ウェ」と発音
ウォ	ㅝ	wo	wɔ	日本語で「ウォ」と言うときと同じ発音
ウェ	ㅞ	we	we	日本語で「ウェ」と言うときと同じ発音
ウィ	ㅟ	wi	wi	唇を突き出して発音
ウィ	ㅢ	ui	ɯi	口を横に引いた状態で発音

複合母音の書き順

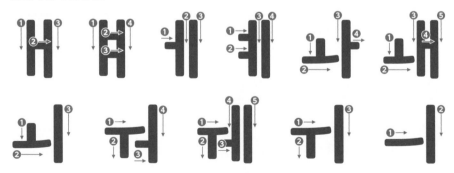

母音の発音

母音の発音のポイント

日本語の「あ・い・う・え・お」にあたる母音は、日本語よりも韓国語のほうが数が多いです。韓国語は「ウ・エ・オ」が2つずつあります。

基本的な8つの母音を覚え、口に出して発音の練習をしましょう。
8つの母音の発音を口の開け方と舌の位置で説明します。

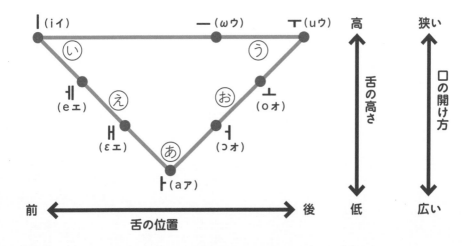

上の図のひらがなの「あいうえお」が日本語の「あいうえお」の発音にあたります。

母音「エ」の『ㅐ』と『ㅔ』は、発音の区別が最近ではなくなりつつあるとのことです。口の開け方に違いはあるものの、日本語の「え」とほぼ同じ発音となります。

日本語の母音字「あいうえお」は、1文字で1音節を表しますが、韓国語の「アイウエオ」は、無音の子音［ㅇ］に母音がつきます。
実際は【아・이・우・으・애・에・어・오】と表記します。

複合母音の発音のポイント

複合母音の発音は、基本母音の発音が2つ合わさると考えると簡単です。

例えば『ㅘ』は「ㅗ＋ㅏ」→「オ＋ア」で「オァ」から「ワ」と発音。『ㅝ』も「ㅜ＋ㅓ」→「ウ＋オ」で「ウォ」と発音します。
ただし、『ㅙ』は、「オェ」ではなく「ウェ」という発音になり、『ㅚ』は「オィ」ではなく「ウェ」という発音です。

「ウェ」にあたる母音『ㅙ』『ㅚ』『ㅞ』は、「エ」の母音同様に発音に大きな違いはありません。

また、すべての母音が表の発音表記通りに発音するとは限りません。
複合母音の発音が[w]で始まる母音は、語頭にくるときははっきりと発音しますが、語中にくるときは発音が弱くなり、はっきりと発音しないという特徴があります。

◀ ◎ 注意ポイント ◎ ▶

子音[ㅇ]がついた【의】は、発音注意です。
語頭、語頭以外、助詞での使用ですべて発音が異なります。

	発音	例	読み
名詞・語頭	의：ui	의무（義務）	ウィム
名詞・語頭以外	이：i	강의（講義）	カンイ
助詞（〜の）	에：e	버스의（バスの）	ポスエ

語頭に【의】がつく単語であっても、話し言葉で使う場合は「ウィ」とはっきり発音しないときもあります。

また、助詞の「〜の」で使用する場合、本当は「ウィ」と発音すべきなのですが、名詞の後の流れで発音すると「エ」に聞こえるということから、発音を「エ」で表記しています。

基本子音① 平音・鼻音・流音

平音・鼻音・流音を知る

ハングルの子音は、文字の構成の初声・終声で使われます。
初声は、平音、鼻音、流音、激音、濃音などに分類されます。

子音の発音 ① 平音/鼻音/流音

	字母	名称	ローマ字	発音記号	発音の特徴
平音	ㄱ	기역	k/g	k/g	か行の音に近い
鼻音	ㄴ	니은	n	n	な行の音に近い
平音	ㄷ	디귿	t/d	t/d	た行の音に近い
流音	ㄹ	리을	r/l	r/l	ら行の音に近い
鼻音	ㅁ	미음	m	m	ま行の音に近い
平音	ㅂ	비읍	p/b	p/b	ぱ行の音に近い
平音	ㅅ	시옷	s	s	さ行の音に近い
無音	ㅇ	이응	無/ng	無音/ŋ	初声は無音 / 終声は「ん」の音に近い
平音	ㅈ	지읒	ch/j	tʃ/dʒ	ちゃ行の音に近い

基本子音の書き順

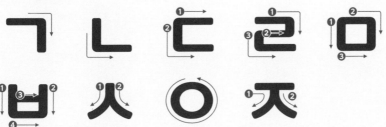

『ㅈ』の書き順は、カタカナの「ス」と同じです。

平音の5つの子音『ㄱ・ㄷ・ㅂ・ㅅ・ㅈ』の発音は、わずかな息しか吐きません。

「無気音」とも言います。

また『ㅅ』以外は、語中では（例外の単語もありますが）濁音化します。

鼻音の『ㄴ・ㅁ』は、呼気を鼻から開放して出す音のことです。

流音の『ㄹ』は、舌で上の歯茎を弾いたり舌の両端から息をもらして出す音です。

無音の『ㅇ』は、初声と終声で音が異なります。

初声で【아・이・우～】と表記されている場合は、母音の音で「ア・イ・ウ……」と発音します。

終声に『ㅇ』がつく「川」という単語【강】の場合は、発音が「カン」になります。

基本子音② 激音

激音を知る

激音は、激しく息を出す音です。「有気音」とも言います。

『ㅋ』なら「カッ」というイメージで音を発します。

いずれも子音の『ㅈ・ㄱ・ㄷ・ㅂ・ㅇ』の文字に1画ずつ加えたりした子音となります。

子音の発音 ② 激音

	字母	名称	ローマ字	発音記号	発音の特徴
激音	ㅊ	치읓	ch	tʃʰ	息を強く吐き「ㅈ」の発音
	ㅋ	키읔	k	kʰ	息を強く吐き「ㄱ」の発音
	ㅌ	티읕	t	tʰ	息を強く吐き「ㄷ」の発音
	ㅍ	피읖	p	pʰ	息を強く吐き「ㅂ」の発音
	ㅎ	히읗	h	h	は行の音に近い

激音子音の書き順

『ㅊ』は、点がついたカタカナの「ス」です。

この5つの激音は、語中でも濁音化しません。

─┤ 6節 ├─
基本子音③ 濃音

濃音を知る

濃音は、無気音で息を吐かず喉を著しく緊張させて発する音です。
「声門閉鎖音」とも言われています。

いずれも平音の字母を２つくっつけた子音となります。
音は『ㄲ』だと「ッカ」というイメージですが、もっと喉を詰まらせた音になります。

激音同様、濃音も語中で濁音化しません。

子音の発音 ③ 濃音

	字母	名称	ローマ字	発音記号	発音の特徴
濃音	ㄲ	쌍기역	kk	$^?$k	喉を緊張させて「ㄱ」の発音
	ㄸ	쌍디귿	tt	$^?$t	喉を緊張させて「ㄷ」の発音
	ㅃ	쌍비읍	pp	$^?$p	喉を緊張させて「ㅂ」の発音
	ㅆ	쌍시옷	ss	$^?$s	喉を緊張させて「ㅅ」の発音
	ㅉ	쌍지읒	tch	$^?$tʃ	喉を緊張させて「ㅈ」の発音

濃音子音の書き順

『ㄲ』なら、真っ赤の「っか」に似た音です。
『ㄸ』は「やった」、『ㅃ』は「やっぱり」、『ㅆ』は「あっさり」、『ㅉ』は「ぽっちゃり」
の音に近いです。

母音・子音の覚え方

基本母音はこう覚えよう

日本語の「あいうえお行」にあたるハングルの並び順は「アヤオヨオヨウユウイ」です。
子音の『○』をつけると下記のようになります。

아야 어여 오요 우유 으이

あ や ちゃん　オ ヨ　オ ヨ　ウ ユ（牛乳）　う い〜
と一気飲み

あやちゃん、右往左往オヨオヨと上（2階）に上がって牛乳（ウユ）を一気に飲んで一言「うぃ〜」と覚えたり……。
『右→左→上→下→横→縦』とシンプルに覚えるのもいいと思います。

基本子音はこう覚えよう

日本語の「あかさたなはまやらわ」にあたるハングルの並び順は「カナダラマバサアジャチャカタパハ」です。
すべての子音に母音の『ㅏ』をつけて読んだものです。

子音は、童謡の「きらきら星」に乗せて覚えるととても簡単です。

きら きら ひかる　おそらの　ほしよ
가 나 다 라　마 바 사　아 자 차 카　타 파 하

母音も子音も繰り返し口に出して、覚えましょう。

┤ 8節 ├

反切表

反切表で基本母音を確認する

日本語の50音図にあたる音節表は、韓国語で【반절표（パンジョルピョ）】、日本語で「反切表」と言います。

反切表を使って子音と母音の組み合わせを覚えましょう。

基本子音＋基本母音

	ㅏ a	ㅑ ya	ㅓ eo	ㅕ yeo	ㅗ o	ㅛ yo	ㅜ u	ㅠ yu	ㅡ eu	ㅣ i
ㄱ k/g	가 ka	갸 kya	거 keo	겨 kyeo	고 ko	교 kyo	구 ku	규 kyu	그 keu	기 ki
ㄴ n	나 na	냐 nya	너 neo	녀 nyeo	노 no	뇨 nyo	누 nu	뉴 nyu	느 neu	니 ni
ㄷ t/d	다 ta	댜 tya	더 teo	뎌 tyeo	도 to	됴 tyo	두 tu	듀 tyu	드 teu	디 ti
ㄹ r/l	라 ra	랴 rya	러 reo	려 ryeo	로 ro	료 ryo	루 ru	류 ryu	르 reu	리 ri
ㅁ m	마 ma	먀 mya	머 meo	며 myeo	모 mo	묘 myo	무 mu	뮤 myu	므 meu	미 mi
ㅂ p/b	바 pa	뱌 pya	버 peo	벼 pyeo	보 po	뵤 pyo	부 pu	뷰 pyu	브 peu	비 pi
ㅅ s	사 sa	샤 sya	서 seo	셔 syeo	소 so	쇼 syo	수 su	슈 syu	스 seu	시 si
ㅇ 無	아 a	야 ya	어 eo	여 yeo	오 o	요 yo	우 u	유 yu	으 eu	이 i
ㅈ ch/j	자 cha	쟈 chya	저 cheo	져 chyeo	조 cho	죠 chyo	주 chu	쥬 chyu	즈 cheu	지 chi

子音（激音・濃音）＋基本母音

	ㅏ a	ㅑ ya	ㅓ eo	ㅕ yeo	ㅗ o	ㅛ yo	ㅜ u	ㅠ yu	ㅡ eu	ㅣ i
ㅊ ch	차 cha	챠 chya	처 cheo	쳐 chyeo	초 cho	쵸 chyo	추 chu	츄 chyu	츠 cheu	치 chi
ㅋ k	카 ka	캬 kya	커 keo	켜 kyeo	코 ko	쿄 kyo	쿠 ku	큐 kyu	크 keu	키 ki
ㅌ t	타 ta	탸 tya	터 teo	텨 tyeo	토 to	툐 tyo	투 tu	튜 tyu	트 teu	티 ti
ㅍ p	파 pa	퍄 pya	퍼 peo	펴 pyeo	포 po	표 pyo	푸 pu	퓨 pyu	프 peu	피 pi
ㅎ h	하 ha	햐 hya	허 heo	혀 hyeo	호 ho	효 hyo	후 hu	휴 hyu	흐 heu	히 hi
ㄲ kk	까 kka	꺄 kkya	꺼 kkeo	껴 kkyeo	꼬 kko	꾜 kkyo	꾸 kku	뀨 kkyu	끄 kkeu	끼 kki
ㄸ tt	따 tta	땨 ttya	떠 tteo	뗘 ttyeo	또 tto	뚀 ttyo	뚜 ttu	뜌 ttyu	뜨 tteu	띠 tti
ㅃ pp	빠 ppa	뺘 ppya	뻐 ppeo	뼈 ppyeo	뽀 ppo	뾰 ppyo	뿌 ppu	쀼 ppyu	쁘 ppeu	삐 ppi
ㅆ ss	싸 ssa	쌰 ssya	써 sseo	쎠 ssyeo	쏘 sso	쑈 ssyo	쑤 ssu	쓔 ssyu	쓰 sseu	씨 ssi
ㅉ tch	짜 tcha	쨔 tchya	쩌 tcheo	쪄 tchyeo	쪼 tcho	쬬 tchyo	쭈 tchu	쮸 tchyu	쯔 tcheu	찌 tchi

基本子音＋複合母音

	ㅐ ae	ㅒ yae	ㅔ e	ㅖ ye	ㅘ wa	ㅙ wae	ㅚ we	ㅝ wo	ㅞ we	ㅟ wi	ㅢ ui
ㄱ k/g	개 kae	걔 kyae	게 ke	계 kye	과 kwa	괘 kwae	괴 kwe	궈 kwo	궤 kwe	귀 kwi	긔 kui
ㄴ n	내 nae	냬 nyae	네 ne	녜 nye	놔 nwa	놰 nwae	뇌 nwe	눠 nwo	눼 nwe	뉘 nwi	늬 nui
ㄷ t/d	대 tae	댸 tyae	데 te	뎨 tye	돠 twa	돼 twae	되 twe	둬 two	뒈 twe	뒤 twi	듸 tui
ㄹ r/l	래 rae	럐 ryae	레 re	례 rye	롸 rwa	뢔 rwae	뢰 rwe	뤄 rwo	뤠 rwe	뤼 rwi	릐 rui
ㅁ m	매 mae	먜 myae	메 me	몌 mye	뫄 mwa	뫠 mwae	뫼 mwe	뭐 mwo	뭬 mwe	뮈 mwi	믜 mui
ㅂ p/b	배 pae	뱨 pyae	베 pe	볘 pye	봐 pwa	봬 pwae	뵈 pwe	붜 pwo	붸 pwe	뷔 pwi	븨 pui
ㅅ s	새 sae	섀 syae	세 se	셰 sye	솨 swa	쇄 swae	쇠 swe	숴 swo	쉐 swe	쉬 swi	싀 sui
ㅇ 無	애 ae	얘 yae	에 e	예 ye	와 wa	왜 wae	외 we	워 wo	웨 we	위 wi	의 ui
ㅈ ch/j	재 chae	쟤 chyae	제 che	졔 chye	좌 chwa	좨 chwae	죄 chwe	줘 chwo	줴 chwe	쥐 chwi	즤 chui

子音（激音・濃音）＋複合母音

	ㅐ ae	ㅒ yae	ㅔ e	ㅖ ye	ㅘ wa	ㅙ wae	ㅚ we	ㅝ wo	ㅞ we	ㅟ wi	ㅢ ui
ㅊ ch	채 chae	챼 chyae	체 che	쳬 chye	촤 chwa	쵀 chwae	최 chwe	춰 chwo	췌 chwe	취 chwi	최 chui
ㅋ k	캐 kae	컈 kyae	케 ke	켸 kye	콰 kwa	쾌 kwae	쾨 kwe	쿼 kwo	퀘 kwe	퀴 kwi	킈 kui
ㅌ t	태 tae	턔 tyae	테 te	톄 tye	톼 twa	퇘 twae	퇴 twe	퉈 two	퉤 twe	튀 twi	틔 tui
ㅍ p	패 pae	퍠 pyae	페 pe	폐 pye	퐈 pwa	퐤 pwae	푀 pwe	풔 pwo	풰 pwe	퓌 pwi	픠 pui
ㅎ h	해 hae	햬 hyae	헤 he	혜 hye	화 hwa	홰 hwae	회 hwe	훠 hwo	훼 hwe	휘 hwi	희 hui
ㄲ kk	깨 kkae	꺠 kkyae	께 kke	꼐 kkye	꽈 kkwa	꽤 kkwae	꾀 kkwe	꿔 kkwo	꿰 kkwe	뀌 kkwi	끠 kkui
ㄸ tt	때 ttae	떄 ttyae	떼 tte	뗴 ttye	똬 ttwa	뙈 ttwae	뙤 ttwe	뚸 ttwo	뛔 ttwe	뛰 ttwi	띄 ttui
ㅃ pp	빼 ppae	뺴 ppyae	뻬 ppe	뼤 ppye	빠 ppwa	뽸 ppwae	뾔 ppwe	뿨 ppwo	쀄 ppwe	쀠 ppwi	쁴 ppui
ㅆ ss	쌔 ssae	썌 ssyae	쎄 sse	쎼 ssye	쏴 sswa	쐐 sswae	쐬 sswe	쒀 sswo	쒜 sswe	쒸 sswi	씌 ssui
ㅉ tch	째 tchae	쨰 tchyae	쩨 tche	쪠 tchye	쫘 tchwa	쫴 tchwae	쬐 tchwe	쭤 tchwo	쮀 tchwe	쮜 tchwi	쯰 tchui

22

—┤ 9節 ├—
ハングルの構造

ハングルの文字の組み合わせを覚える

ハングルの文字の組み合わせにはパターンがあります。大きく分けると子音＋母音、子音＋母音＋子音の2つです。
文字の最初にくる子音を「初声」、次にくる母音を「中声」、そして母音の次にくる子音を「終声」と言います。
終声の子音字母のことを「パッチム」とも言います。

さらに母音字母が子音字母の右にくるものや下にくるものがあります。

①：子音＋母音（左右）
②：子音＋母音（上下）
③：子音＋複合母音
④〜⑥は、①〜③に子音（パッチム）が組み合わさったものです。

日本語には閉音節（子音で終わる音節）が「ん」や「っ」くらいしかありません。
対して韓国語には母音の後に子音（終声）がつく閉音節が多くあります。

この終声は、鼻音・流音・閉鎖音に分けられます。

子音の『ㅇ』は初声では無音ですが、終声では鼻音になり [ng] と発音します。
流音の『ㄹ』は初声では[r]の発音ですが、終声では[l]の発音になるので注意しましょう。

陽母音と陰母音

母音の2つのグループを覚える

母音は、大きく分けると「陽母音・陰母音」という2つのグループに分けられます。

母音は「天・地・人」を表しています。
すなわち太陽が昇っているほうを陽性母音（略して陽母音）と言い、太陽が日没に向かうほうを陰性母音（陰母音）と言います。

『ㅏ』は太陽が昇る朝を表し、『ㅗ』は太陽が上にある「昼」を表します。
『ㅓ』は日没の様子を表し、『ㅜ』は太陽が地より下の日没後を表します。
『ㅡ』は太陽が昇っていない状態で陰です。
『ㅣ』は中性母音となりますが、「아形・어形」にする際に陰性母音のグループに入ります。そのため、大きく分けると2パターンとなります。

陽性母音			陰性母音			
ㅏ	ㅑ	ㅗ	ㅓ	ㅕ	ㅜ	ㅠ
ㅛ	ㅐ	ㅒ	ㅡ	ㅣ (中性)	ㅔ	ㅖ
ㅘ	ㅙ	ㅚ	ㅝ	ㅞ	ㅟ	ㅢ

陽母音は「明るく軽やかなイメージ」で、陰母音は「暗く重いイメージ」です。

例えば、光り輝くものを説明するときに「キラキラ」なら『반짝반짝』となり、「ギラギラ」なら『번쩍번쩍』と表現します。

パッチム

パッチムを発音してみよう

子音の終声の発音を確認しましょう。

初声『ㄱ』
中声『ㅣ』
終声『ㅁ』
「キム」と読みます。
発音は [kimu] ではなく [kim] です。

初声『ㅁ』
中声『ㅜ』
終声『ㄹ』
「ムル」と読みます。
発音は [mulu] ではなく [mul] です。

パッチムの発音

	パッチム	発音	発音の特徴
鼻音	ㄴ	ㄴ [n]	舌先が上の歯の裏（歯茎）につき、鼻から息を抜く音。
	ㅁ	ㅁ [m]	唇をしっかりと閉じ、鼻から息を抜く音。
	ㅇ	ㅇ [ng]	喉を詰まらせた感じで鼻から息を抜く音。舌はどこにもつきません。
流音	ㄹ	ㄹ [l]	舌先を丸め、上顎の奥につけて発音。
閉鎖音	ㄱ・ㅋ・ㄲ	ㄱ [k]	舌の根が喉を塞ぐように発音。息を出さない。
	ㄷ・ㅌ・ㅅ・ㅆ ㅈ・ㅊ・ㅎ	ㄷ [t]	舌先を上の歯の裏（歯茎）につけて発音。息を出さない。
	ㅂ・ㅍ	ㅂ [p]	唇をしっかりと閉じ、息を止めるように発音。息を出さない。

鼻音パッチムの発音の違い

鼻音の終声の発音の違いを簡単に説明します。
『ㄴ』『ㅁ』『ㅇ』は、日本語で振り仮名を振る際に「ン」にあたります。

同じ「パン」と発音しているのに、韓国語で発音を説明すると上記のようになります。3つの「ン」は、口の開け方や舌の位置が異なります。

2重パッチムとは

2つの子音からなる2重パッチムの発音は、基本的に片方の子音しか発音しません。

パッチムの発音

パッチム	発音
ㄱㅅ・ㄴㅈ・ㄴㅎ・ㅂㅅ・ㄹㅌ・ㄹㅎ・ㄹㅅ	左側の子音
ㄹㄱ・ㄹㅁ・ㄹㅍ	右側の子音
ㄹㅂ	形容詞は、左側の子音 動詞は、右側の子音

また、すべての2重パッチムの後に子音の『ㅇ』がくるときは、両方の子音を発音します。
・밟다 (踏む)：パプッタ　→　밟아요 (踏みます)：パルバヨ

◈ 注意ポイント ◈

【ㄹㄱ】は、次に『ㄱ』の子音がくるときは、左側の『ㄹ』の発音をします。
動詞・形容詞のときのみです。名詞の場合は、通常通り右の子音のみ発音します。
・動詞 읽고 (読んで)：イルッコ
・名詞 닭고기 (鶏肉)：タクッコギ

—┤ 12節 ├—
発音の変化① 有声音化

有声音化とは

ハングルには語頭と語中では発音が変化する子音があります。ルールを覚えてしまえばとても簡単です。そのルールに当てはまる単語と一緒に確認していきましょう。

平音が濁った発音になることを「有声音化」と言います。
4つの子音字母『ㄱ』『ㄷ』『ㅂ』『ㅈ』は、語頭では日本語の清音（無声音）で[k][t][p][ch]の音で発音しますが、母音に挟まれた語中では濁った音（有声音）になり[g][d][b][j]と発音します。

ルール①母音に挟まれると濁る

母音に挟まれた子音『ㄱ』は [g]、『ㄷ』は [d]に発音が変化します。

"家具"という単語は
[kaku]ではなく
[kagu]

"海"という単語は
[pata]ではなく
[pada]

この有声音になる子音は『ㄱ』『ㄷ』『ㅂ』『ㅈ』のみ。他の子音は濁りません。

子音の『ㅅ』の濁った音がないということは「ザ」「ズ」「ゼ」「ゾ」がないということです。ただし「ジ」はあります。
『ㅈ』は【지】で「ジ」と発音します。

ルール②パッチム【ㄴ・ㄹ・ㅁ・ㅇ】の後は濁る

有声音化には、ルールがもう1つあります。

パッチム【ㄴ・ㄹ・ㅁ・ㅇ】の後の子音『ㄱ』『ㄷ』『ㅂ』『ㅈ』も有声音となります。

일본　il-pon　→　il-bon　（日本）　　한국　han-kuk　→　han-guk　（韓国）

"日本"という単語の語中の子音『ㅂ』は、パッチム【ㄹ】の後なので[il-bon]となり、"韓国"という単語は、子音『ㄱ』がパッチム【ㄴ】の後なので[han-guk]と発音します。

ㅁㄹㄴㅇ・ㅂㅈㄷㄱ（森の絵・美術道具）と覚えるといいと思います。

一部、有声音化しない単語もあります。

28

─┤ 13節 ├─

発音の変化② 連音化

連音化とは

ハングルのリエゾンを学びましょう！ リエゾンとはパッチムが次の音につながって起こる連音現象のことです。

例えば、英語の"thank you"の発音は「サンクユー」ではなく「サンキュー」と言いますよね。
連音化とは、語幹のパッチムを滑らかに発音するということです。

パッチムの後に続く単語の子音が無音の『ㅇ』のときに連音化となります。

"韓国語"という単語を発音するとき「ハングク＋オ」ではなく『한구＋거』となり「ハングゴ」という発音になります。"日本人"という単語は「イルボン＋イン」ではなく『일보＋닌』で「イルボニン」という発音です。

例外　パッチム『ㅎ』のときは連音化されない

パッチム『ㅎ』のときは、連音化されません。
"良いです"というフレーズは『좋아요』と書きますが、『조아요』となり「チョアヨ」と発音します。
連音化は、あくまでも音が変化するだけで、文字が変化するわけではありません。

２重パッチムの場合は？

２重パッチムの場合は、両方の子音を発音します。

cho l m   eo   yo

（若いです）

"若いです"というフレーズは『젊어요』と書きますが、『절머요』となり「チョル
モヨ」と発音します。

子音『ㅇ』の助詞がつく場合

パッチムにつく助詞の多くは、子音の『ㅇ』がついています。
助詞をつけて発音を確認しましょう。

- 집 은 （家は）: chi-beun
- 집 을 （家を）: chi-beul
- 집 이 （家が）: chi-bi

パッチム『ㅇ』の次に『ㅇ』がくるときは発音に気をつけましょう。

- 사 랑 은 （愛は）: sa-rang-eun
- 사 랑 을 （愛を）: sa-rang-eul
- 사 랑 이 （愛が）: sa-rang-i

終声の『ㅇ』は、喉を詰まらせて「ン」と発音します。
【사랑은】の発音は「サランウン」ではなく、「サランgウン」という発音が近いです。

---- 14節 ----

発音の変化③ 鼻音化

鼻音化とは

子音の発音が、「ン」に近い音に変わることを鼻音化と言います。
鼻音化にもルールがありますので見ていきましょう。

ルール① パッチムが鼻音化

カムサハプニダ 区

감사합니다
kam　　sa　　ha m　　ni　　da
(ありがとうございます)

韓国語の代表的なフレーズ「カムサハムニダ」ですが、『합』の後ろに【ㄴ】の子音がつくと『ㅁ』の音になり、[감사함니다]と発音します。
文字は変わらないのに、音が鼻音になるのが鼻音化です。

『ㄱ』『ㄷ』『ㅂ』に続く子音が【ㄴ】か【ㅁ】のとき、『ㄱ→ㅇ』『ㄷ→ㄴ』『ㅂ→ㅁ』の音になります。

パッチム	続く子音	パッチムの発音
ㄱ (ㅋ・ㄲ含む)		ㅇ [ng]
ㄷ (ㅌ・ㅅ・ㅆ・ㅈ・ㅊ・ㅎ含む)	+ ㄴ / ㅁ	ㄴ [n]
ㅂ (ㅍ含む)		ㅁ [m]

・**작년** (昨年)：chang-nyeon
・**거짓말** (嘘)：keo-jin-mal

ルール②流音の鼻音化

ウムリョス区

음료수

u m　n yo　su

(飲料水)

"飲料水"という単語は、『료』の前にパッチム【ㅁ】があるため『ㄴ』の音に変化し、[음뇨수] と発音します。

『ㅁ』『ㅇ』に続く子音が流音(ㄹ)のとき、発音が【ㄹ→ㄴ】の音になります。

パッチム	続く子音	子音の発音
ㅁ	+ㄹ	ㄴ [n]
ㅇ		

・심 리 (心理)：sim-ni
・정 리 (整理)：cheong-ni

ルール③パッチムも続く流音も鼻音化

『ㄱ』『ㄷ』『ㅂ』に続く子音が流音のとき、パッチムも次の子音もルール①鼻音化に変化します。

パッチム	続く子音	子音の発音
ㄱ (ㅋ・ㄲ含む)		ㅇ [ng] + ㄴ [n]
ㄷ (ㅌ・ㅅ・ㅆ・ㅈ・ㅊ・ㅎ含む)	+ㄹ	ㄴ [n] + ㄴ [n]
ㅂ (ㅍ含む)		ㅁ [m] + ㄴ [n]

・학 력 (学歴)：hang-nyeok
・독 립 (独立)：tong-nip
・법 률 (法律)：peom-nyul
・협 력 (協力)：hyeom-nyeok

—| 15 節 |—

発音の変化④ 濃音化

濃音化とは

濃音化とは、平音が詰まったような音に変化することです。例えば、『가 (カ)』を『까 (ッカ)』と発音します。

シクタン ☒

식당 → 식땅
（食堂）　　　sik ttang

"食堂"という単語は、パッチム『ㄱ』に続く子音『ㄷ』の音が『ㄸ』に変化します。それでは、どんなときに濃音化されるのか見ていきましょう。

①パッチム『ㄱ』『ㄷ』『ㅂ』に続く子音が濃音化

パッチム
ㄱ （ㅋ・ㄲ含む）
ㄷ（ㅌ・ㅅ・ㅆ・ㅈ・ㅊ含む）
ㅂ （ㅍ含む）

+

続く子音	発音の変化
ㄱ [k]	ㄲ [kk]
ㄷ [t]	ㄸ [tt]
ㅂ [p]	ㅃ [pp]
ㅅ [s]	ㅆ [ss]
ㅈ [ch]	ㅉ [tch]

・학교 (学校)：hak-kkyo
・잡지 (雑誌)：chap-tchi

②パッチムが『ㄱ』『ㅂ』で続く子音が『ㅅ』のとき

また、パッチムが『ㄱ』か『ㅂ』で、続く子音が『ㅅ』のとき、パッチムの音は弾くようにはっきりと発音します。

책상 → 책쌍
（机）　　chaek ssang

分かりやすくカタカナで書くと[チェクッサン]というように[k]をはっきりと発音します。

・박수 (拍手)：pak-ssu [パクッス]

—
33
—

その他のルール

ルール①漢字語でパッチムが流音のとき

パッチムが『ㄹ』で次にくる子音が「ㄷ・ㅅ・ㅈ」のとき子音が濃音化します。

パッチム		続く子音	発音の変化
ㄹ	+	ㄷ [t]	ㄸ [tt]
		ㅅ [s]	ㅆ [ss]
		ㅈ [ch]	ㅉ [tch]

- **발달** (発達)：pal-ttal
- **결심** (決心)：kyeol-ssim
- **설정** (設定)：seol-tcheong

ルール②未来連体形に続くとき

連体形『ㄹ（을）』の次にくる子音が「ㄱ・ㄷ・ㅂ・ㅅ・ㅈ」のとき子音が濃音化します。

- **할 것이다**（〜するみたいだ）：hal kkeo-si-da
- **갈 길**（行く道）：kal kkil

ルール③一部の合成語が濃音化

2つの単語が続く一部の合成語で、パッチムがあり次にくる子音が「ㄱ・ㄷ・ㅂ・ㅅ・ㅈ」のとき、子音が濃音化します。

- **손등**（手の甲）：son-tteung
- **발바닥**（足の裏）：pal-ppa-dak

ルール④一部の動詞・形容詞が濃音化

以下のパッチムがついている動詞・形容詞で語幹に「ㄱ・ㄷ・ㅅ・ㅈ」がつくとき濃音化します。

パッチム		続く子音	発音の変化
ㄴ・ㅁ・ㄵ	+	ㄱ [k]	ㄲ [kk]
ㄻ・ㄾ・ㄼ		ㄷ [t]	ㄸ [tt]
		ㅅ [s]	ㅆ [ss]
		ㅈ [ch]	ㅉ [tch]

- **젊고**（若くて）：cheom-kko
- **앉지 않다**（座らない）：an-tchi an-ta

他にもルール外の濃音化する単語があります（例は一部）。

- **사건**（事件）：sa-kkeon
- **인기**（人気）：in-kki

16節

発音の変化⑤ 激音化

激音化とは

激音化とは、子音の『ㅎ』が隣り合わせになるとき、子音が激音になるというものです。つまり、『ㅎ』が、激音に変化させてしまうということです。
息を勢いよく出して発音する子音に変わります。

ルール①閉鎖音のパッチム『ㄱ』『ㄷ』『ㅂ』＋初声『ㅎ』が激音化

パッチム	続く子音	発音の変化
ㄱ		ㅋ [k]
ㄷ	＋ㅎ	ㅌ [t]
ㅂ		ㅍ [p]

축하　ㄱ+ㅎ=ㅋ　추카
(祝賀)　　　　　　　　　　　chu　ka

"祝賀 (お祝い)" という単語はパッチム『ㄱ』に続く子音が『ㅎ』のため、発音が【ㅋ】となります。
パッチムの音はなくなり、子音の『ㅎ』の音が変わります。

히がつくと激音化

パッチム『ㅈ』『ㄵ』『ㄺ』『ㄼ』の後ろに接尾辞の『히』がつくと激音化します。

붉히다　ㄱ+ㅎ=ㅋ　불키다
(赤くする)　　　　　　　　　pul　ki　da

パッチム	続く子音	発音の変化
ㅎ	ㄱ	ㅋ [k]
	ㄷ	ㅌ [t]
	ㅈ	ㅊ [ch]

좋다→조타　싫다→실타
(良い)　cho　ta　　(嫌い)　sil　ta

子音『ㅎ』の発音変化の例外3パターン

①パッチム『ㅎ』に続く子音が『ㅅ』のとき、発音が濃音化し【ㅆ】になります。
　これは、子音『ㅅ』の激音がないためです。

・좋습니다(良いです)→조씁니다:cho-sseum-ni-da
・싫습니다(嫌いです)→실씁니다:sil-sseum-ni-da

②パッチム『ㅎ』に続く子音が『ㅇ』のときは、初声『ㅇ』の音がないため激音
　化しません。そのため『ㅎ』は無視してください。

・좋아요(良いです)→조아요:cho-a-yo

③パッチム『ㅎ』に続く子音が『ㄴ』のとき、『ㄴ』は激音がないため『ㅎ』を激
　音の子音に変化させることができません。この場合のみ『ㅎ』は鼻音化します。

・좋네요(良いですね)→존네요:chon-ne-yo

—┤ 17節 ┤—
発音の変化⑥ 口蓋音化

口蓋音化とは

こうがいおんか
口蓋音化も、連音化のように滑らかに発音するための発音変化です。パッチムに続く子音が無音の『ㅇ』のとき、前のパッチム音とつなげて発音しますが、パッチムが『ㄷ』『ㅌ』のとき次のハングルが【이】だと連音化の発音をせず、口蓋音化します。

連音化では「ㄷ＋이＝디」「ㅌ＋이＝티」となるはずですが、口蓋音化では【지】【치】になります。

パッチム	続く子音	発音の変化
ㄷ	이	지 [chi]
ㅌ		치 [chi]

굳이 → 굳이 → **구디** → **구지**
（あえて）　　　　　クディ ☒　　ku　ji

같이 → 같이 → **가티** → **가치**
（一緒に）　　　　　カティ ☒　　ka　chi

"あえて"という単語は、「パッチムㄷ＋이」が【지】になり、母音に挟まれて有声音の[ji]という発音になります。

"一緒に"という単語は、「パッチムㅌ＋이」が【치】に音が変化します。

発音の変化⑦ 舌側音化（流音化）

舌側音化（流音化）とは

<ruby>舌側音化<rt>ぜっそくおんか</rt></ruby>とは、パッチムと続く子音が『ㄹ』『ㄴ』の組み合わせのとき、子音『ㄴ』の発音が【ㄹ】に変化するというものです。

流音【ㄹ】の音になるため"流音化"とも言います。

パッチム	続く子音	発音の変化
ㄹ	ㄴ	ㄹ [l]＋ㄹ [l]
ㄴ	ㄹ	

通常、初声の【ㄹ】は[r]の発音ですが、舌側音化はパッチムと同じ[l]の発音です。

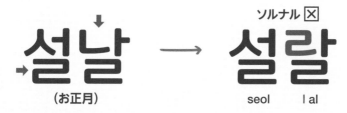

ソルナル ☒

설날 → 설랄
（お正月）　　seol　l al

"お正月"という単語は『ㄴ』が【ㄹ】の音に変化します。

・**연락**（連絡）：yeol-lak 　　・**한류**（韓流）：hal-lyu

「韓流」は、日本語では「ハンリュウ」と発音します。この「韓流」という
単語、実は2000年頃に日本や中国で韓国ドラマブームが起こった際に
作られた言葉であり、『**한류**』は韓国に逆輸入されたものなのです。
よって韓国でも「ハンリュウ」と発音する場合があるようですが、正しい
発音は「ハルリュ」となります。

—┤ 19節 ┤—

発音の変化⑧ 「ㅎ」の弱化

『ㅎ』の弱化とは

子音の『ㅎ』は、音がほとんどなくなってしまうことがあります。母音やパッチム『ㄴ』『ㄹ』『ㅁ』『ㅇ』に続く『ㅎ』は、無音に近いです。『ㅎ』は脱落すると考えてください。

パッチム	続く子音	ㅎと入れ替える発音
ㄴ		ㄴ [n]
ㄹ	+ ㅎ	ㄹ [r]
ㅁ		ㅁ [m]
ㅇ		ㅇ [-]

결혼
（結婚）

결ᄒᆞᆫ
キョルホン🗵

겨론
kyeo　rhon

"結婚"という単語は、ㄹパッチムが初声の[r]音となり、またㅎ[h]をほぼ発しないため「キョロン」という発音になります。

パッチム『ㅇ』に初声『ㅎ』が続くときは、『ㅎ』を弱く発音する場合もあります。

영화 → 영화
（映画）　　yeong　hwa

"映画"という単語はカタカナで表すと「ヨンファ」なのですが、[h]を弱く発音するので、「フ」をはっきりと発音しません。

発音の変化⑨「ㄴ」の添加

『ㄴ』の添加とは

合成語や派生語で2つの単語が続くとき、パッチムの後に続く文字が【이・야・유・여・요】の場合、『ㅇ』が『ㄴ』の発音に変化します。

合成語とは、例えば「韓国料理」のように2語以上が合成された単語のことを言います。派生語とは、接辞（接頭語や接尾語など）がついて1つの単語になった語のことです。

また、「何の用」のように2つの言葉を一度に発音するときも『ㄴ』が添加されます。

①パッチム『ㄴ』『ㅁ』『ㅇ』＋ㄴの添加

	パッチム	初声字母＋中声字母
字母	ㄴ・ㅁ・ㅇ	이・야・유・여・요
発音の変化	ㄴ・ㅁ・ㅇ	니・냐・뉴・녀・뇨

パッチムの後の【이・야・유・여・요】のみ音が『ㄴ』に変化。

②パッチム『ㄱ』『ㄷ』『ㅂ』＋ㄴの添加

	パッチム	初声字母＋中声字母
字母	ㄱ・ㄷ・ㅂ	이・야・유・여・요
発音の変化	ㅇ・ㄴ・ㅁ	니・냐・뉴・녀・뇨

パッチムが鼻音化＋【이・야・유・여・요】の音が『ㄴ』に変化。
パッチムが人［ㄷ音］のときも同様です。
・나뭇잎（木の葉）：na-mun-nip
ちなみに、ㄹパッチムのときはㄹ＋ㄴ→『ㄹ＋ㄹ』で舌側音化となります。
・서울역（ソウル駅）：seo-ul-lyeok

（韓国料理）

한국 요리
한국 뇨리

han-gung　　nyo-ri

（何の用）

무슨 일
무슨 닐

mu-seun　　nil

"韓国料理"は発音が「ハングクヨリ」ではなく「ハングンニョリ」に変わり、"何の用"の発音は「ムスンイル」ではなく「ムスンニル」となります。

表記が『ㄴ』の添加済み

発音が変化するだけではなく、表記まで変わってしまう単語を紹介します。

"歯"という単語は【이】と言います（固有語の場合）。
「前歯」は【앞 이（前＋歯）】かと思いきや『앞니』と言います。すでに『ㄴ』の添加済みなのです。ちなみに鼻音化もしているので「アムニ」と発音します。

他に"親知らず"は『사랑니』と言い、日本語に直訳すると「愛の歯」となります。親知らずは、思春期頃に生えてくる歯です。思春期といえば♡初恋♡を経験した方も多いと思います。親知らずが生えてくる痛みが「初恋の心の痛み」と似ているところからきているようです。

ハングルの発音の不思議

違う音に聞こえてしまう現象

発音の変化ではなく、なぜか違う子音の音に聞こえるということがハングルではよくあります。

例えば「はい」は『네』で「ネ」なのに、韓国の方の発音で「デ」と聞こえ、「デ」で覚えて発音してしまう方がいます。

他に「ごめん」という単語『미안』は「ミアン」なのですが、『ビアン』と聞こえるという方がいます。

これは、舌の位置と息の抜け方が関係しているようです。

ㄴ行とㄷ行は発音の際、舌の位置がよく似ています。ㄴ行は"息が鼻に抜ける"のに対し、ㄷ行は"口から息を出す"のですが、息の抜け具合が弱いとㄷ行に聞こえてしまうということです。

ㅁ行とㅂ行も同じです。息の抜けが弱いとㅂ行に聞こえます。

そう聞こえたからといって『네』を「デ」と言うと、聞き手には『데』と聞こえていますので、間違って発音しないようにしましょう！

── 22節 ├─
自分の名前をハングルで書く

名前をハングルで書いてみよう！

ハングルには「ウ」「エ」「オ」が2つずつあったり、日本語の発音「つ」をどうやって表記するのか迷いますよね。

まず、日本語の仮名にあたるハングルをまとめます。

あいうえお表のハングル

	あ段	い段	う段	え段	お段
あ行	아	이	우	에	오
か行	카	키	쿠	케	코
さ行	사	시	스	세	소
た行	타	치		테	토
な行	나	니	누	네	노
は行	하	히	후	헤	호
ま行	마	미	무	메	모
や行	야		유		요
ら行	라	리	루	레	로
わ	와				

※子音の『ㄱ』や『ㄷ』は、語頭では「か行」「た行」ですが、語中では濁って発音するため、激音の子音『ㅋ』『ㅌ』を用いたほうが間違いないです。また、『스』だけ母音が他の"う段"と違うので注意が必要です。

がぎぐげご表／ぱぴぷぺぽ表

	あ段	い段	う段	え段	お段
が行	가	기	구	게	고
ざ行		지			
だ行	다	지		데	도
ば行	바	비	부	베	보
ぱ行	파	피	푸	페	포

※小さい「ゃ・ゅ・ょ」は、母音の『ㅑ・ㅠ・ㅛ』を用いてください。「じゃ・じゅ・じょ」は『자・주・조』、「ちゃ・ちゅ・ちょ」は『차・추・초』です。

名前をハングルで書くときの注意点

濁点がつかない／つく名前

一部の平音は、語頭と語中で発音が異なります。

例えば「木村」なら『기무라』でも「きむら」と読めますが、文の途中に名前が入った場合、有声音化で濁った発音をする可能性があります。すなわち「ぎむら」と発音してしまうということです。この場合、激音を使用して『키무라』と書いたほうが発音の間違いはないです。

> （例）　・田中＝다나가（△）→『타나카』（○）
> 　　　　・かおり＝가오리（△）→『카오리』（○）

ちなみに語頭に濁点がつく名前のときは、どのように表記するのか？　例えば「伊達さん」なら『다테』となります。「たて」と読んでしまう可能性もありますが、この表記以外で「だ」を表すことはできません。

> （例）　・馬場＝바바
> 　　　　・だいすけ＝다이스케

「う（伸ばす音）」がつく名前

ハングルの特徴で「〜う」と伸ばして発音する単語や表現がありません。例えば『호우（豪雨）』の発音は［ホウ］で、［ホー］と伸ばして発音しません。

英語も「佐藤」なら"Sato"と表記しますよね。ハングルも同じで「う」は表記せず『사토』で「さと」と読みます。どうしても「う」を表記したい場合は、英語の"Satou"のように『사토우』と書きます。

> （例）　・河野（こうの）＝코노 or 코우노
> 　　　　・ゆうこ＝유코 or 유우코

「つ」がつく名前

ハングルで困ってしまうのが「つ」の発音です。
日本語の「つ」の発音が存在しません。そのため他のハングルで代用します。

似ている発音のハングル

ハングル	発音	カタカナ読み
쓰	sseu	ッス
츠	cheu	チュ
쯔	tcheu	ッチュ

東京都内には「四ツ谷」という電車の駅があります。四ツ谷駅付近には3種類の表記『요쓰야』『요츠야』『요쯔야』が混在します。この中で一番発音が近いのは『요쓰야』です。

人の名前を表記するときは、『쓰』か『츠』を使うといいと思います。

   （例）   ・津田＝쓰다 or 츠다
             ・りつこ＝리쓰코 or 리츠코

ちなみに「づ」もありません。『즈』が一番近いのですが「ジュ」という発音です。

   （例）   ・米津＝요네즈
             ・都築＝쓰즈키

小さい「っ」がつく名前

ハングルには「っ」は存在しますが、1文字で表記することはできません。パッチムを用いて表記します。

[t]音のパッチムは「ㄷ・ㅌ・ㅅ」などで表すことができます。日本語の「っ」は基本的に『ㅅ』を用います。例えば、札幌は『삿포로』と表記します。

   （例）   ・別府＝벳푸
             ・服部＝핫토리
             ・てっぺい＝텟페이

「ん」がつく名前

「ん」は、ハングル1文字では表記できません。パッチムで表記します。日本語の「ん」にあたる子音は「ㅁ・ㄴ・ㅇ」ですが、名前で用いる場合は『ㄴ』を使用します。

（例）　・近藤＝콘도
　　　　・本間＝혼마
　　　　・喜屋武（きゃん）＝걍
　　　　・けん＝켄
　　　　・あんな＝안나

◀◉ 注意ポイント ◉▶

「ん」の発音ができない場合もあります。例えば『안리（あんり）』という名前の場合、"舌側音化"で［al-li］となるため、口頭で伝えないといけません。

「ざ・ず・ぜ・ぞ」がつく名前

ハングルには「じ」があるのに「ざ・ず・ぜ・ぞ」がありません。この場合も他のハングルで代用します。
「じ」と「ぢ」は、『지』となります。

「ざ・ず・ぜ・ぞ」は『자・즈・제・조』と表記し、「じゃ・じゅ・じぇ・じょ」という発音になります。「ず」は【주】ではなく『즈』となります。
ちなみに【주】は「じゅ」という音が入るときに用います。例えば「杏樹」などです。

（例）　・鈴木＝스즈키
　　　　・安西：안자이
　　　　・みずき＝미즈키

語頭にくる場合は『자・즈・제・조』は「ちゃ・ちゅ・ちぇ・ちょ」なので、「財前」の場合、『자이젠』で「ちゃいじぇん」と読まれることもあります。

自分の名前や家族の名前など、ハングルに当てはめてみましょう！

韓 国 語 の 基 礎

ハングルのしくみがわかったところで、
次はそのハングルを使って、
どのように韓国語が成り立っているのか、
その基礎を紹介しましょう。
日本語と似ている部分も多いので覚えやすいと思いますよ。

韓国語の品詞

品詞の種類を知ろう

韓国語は、9つの品詞から成り立っています。
品詞とは、文法上の機能や形態などにより、単語をグループ分けしたものです。

日本語は10品詞に分けられます。まず、日本語の品詞から確認しましょう。

【日本語の品詞】

・自立語…用言　　①動詞②形容詞③形容動詞
　　　　…体言　　④名詞(代名詞・数詞)⑤連体詞⑥副詞⑦接続詞⑧感動詞
・付属語…可変語　⑨助動詞
　　　　…不変語　⑩助詞

可変・不変とは、活用するかしないかということです。
次に韓国語の品詞です。

【韓国語の品詞】

形態	構成	品詞	性質
不変語 (活用しない)	体言	名詞	物体・人・場所などの名称
		代名詞	私（人称代名詞）・これ（指示代名詞）など
		数詞	漢字語と固有語の2種類
	関係言	助詞	「〜が」「〜を」・格助詞など
	修飾言	副詞	動詞・形容詞・冠形詞を修飾する
		冠形詞	名詞・代名詞・数詞を修飾する
	独立言	感嘆詞	「あ〜あ」や「やった！」など
可変語 (活用する)	用言	動詞	「食べる」など動作を表す
		形容詞	「きれい」など状態や性質を表す

日本語では、代名詞・数詞が名詞に含まれますが、韓国語では含まれず独立した
品詞となります。

┤ 2節 ├

体言

体言とは、活用しない品詞の中で、名詞、代名詞、数詞がこれにあたります。主語や目的語、補語になる単語のことです。

また、韓国語には日本の大和言葉にあたる固有語、漢字で表記することができる漢字語、他の言語から借用し自国語のように使用する外来語があります。
日本語は、外来語をカタカナで表記していますが、韓国ではもちろんハングルで表記します。

"바다"は固有語で「海」、"도로"は漢字語で「道路」、"드라이어"は外来語で「ドライヤー」となります。

ちなみに固有語と漢字語で使い分けられる単語もあります。「金」は固有語で『돈』、漢字語で『금』と言います。買い物をするときのお金を指すときは固有語を使い、金塊・税金・金メダルなどは漢字語を使います。
日本語の音読みが漢字語にあたると覚えてもいいかもしれません。

돈
ton
（お金）

금메달
keum-me-dal
（金メダル）

また、ほとんどの言葉が自立語ですが、他の単語の後ろにつくことで名詞的な機能をする単語「依存名詞」というものがあります。
"것"（～こと）や、"뿐"（～だけ）などがそれにあたります。

助詞・感嘆詞

助詞とは

助詞は、文法の分類では関係言にあたります。主に体言の後につき、「〜が」や「〜を」のように動詞・形容詞につなぐ役割があります。助詞は単独では使用できず、必ず他の単語に付属します。

韓国語の助詞は、前にくる単語にパッチムがあるかないかで形が変わる場合があります。
パッチムがある場合、滑らかに発音するため連音化することが多く、基本的に初声に『ㅇ』がついています。

他にも、パッチムの有無に関係なく名詞の性質によって異なる助詞がつく場合があります。

感嘆詞とは

感嘆詞は、独立言です。一言の返事だったり、感情を表すときに用います。例えば「あっ！」や「やったー」「はぁ〜」などが感嘆詞にあたります。

他の単語と結合することはありません。一言で独立しています。

感嘆詞	日本語	ハングル
感動 ・喜び ・驚き ・悲しみ ・怒り	うわ〜	우와
	あらっ	어머
	あら、まぁ・やれやれ	아이고
	やったー	앗싸
	はぁ〜・げっ！・わぉ！	헐
	フンッ！	흥
応答	はい	네
	うん	응
	う〜ん・うむ	음
掛け声	よいしょ	영차
呼びかけ	ちょっと！	야
	さぁ	자
	ほら	거봐

—┤ 4節 ├—

修飾言（冠形詞・副詞）

修飾言とは

修飾言は、他の文節をより詳しく説明するときに用います。主語としては使用できず、体言や用言を修飾する品詞類を指します。修飾言には、冠形詞と副詞があります。

冠形詞

冠形詞は、名詞・代名詞・数詞につきます。日本語の連体詞にあたります。
例えば「この本を買いました」という文では、「この」が冠形詞で"本"を修飾しているのが分かりますね。「さまざまな方法を試したい」という文では、「さまざまな」が冠形詞です。

◉ **注意ポイント** ◉

「新しい靴」は『새 신발』と表記し、【새】（新しい）が冠形詞です。『새로운 신발』も同じ意味になるのですが、【새로운】は形容詞の「新しい」の連体形です。同じ意味でも単語も品詞も異なります。

副詞

副詞は、主に動詞・形容詞を修飾します。冠形詞を修飾することもあります。

例えば「ゆっくり話してください」という文では、「ゆっくり」が副詞で、"話す"を修飾しています。「早く見たい」という文では「早く」が副詞です。

（めっちゃ）　（いい）　（その）　（歌）
엄청　좋은　그　노래
副詞　→　形容詞　　冠形詞　→　名詞

上の「めっちゃいい、その歌」という例文では、修飾言が2つ入っています。
また、日本語の接続詞にあたる「そして」「でも」などは、韓国語では副詞に分類されます。

用言（動詞・形容詞）

用言とは

用言とは活用する品詞類を指し、動詞・形容詞を総称したものです。語幹は変化しませんが、語尾がさまざまな形に変化します。

（例）　・歩く→歩かない→歩きたい→歩けない

　　　　・寒い→寒かった→寒くない→寒いだろう

動詞

動詞とは、動作を表す単語のことです。

固有語の動詞、名詞＋**하다**、副詞＋**하다**があります。

하다は「〜する」「行う」という意味です。

	ハングル	意味
固有語	**먹다**	食べる
名詞＋**하다**	**기억하다**	記憶する（記憶＋する）
副詞＋**하다**	**거듭하다**	重ねる（繰り返し＋する）

命令形「〜しろ」、勧誘形「〜しよう」の形に変化できるものは動詞です。

形容詞

形容詞は、物の状態や性質を表します。名詞を修飾する役割も持っています。

日本語には形容動詞がありますが、韓国語では形容動詞も形容詞に分類します。

形容詞と形容動詞の違いは、言いきりの形が「〜い」で終わるか、「〜だ」で終わるかということです。

例えば、「美しい」のように終止形が「〜い」となるものは形容詞、「きれいだ」のように終止形が「〜だ」となるものは形容動詞に分類されます。

固有語・名詞＋**하다**（〜だ）・副詞＋**하다**・最初から**하다**がつく形容詞があります。

	ハングル	意味
固有語	**기쁘다**	嬉しい
名詞＋**하다**	**복잡하다**	複雑だ
副詞＋**하다**	**헐렁헐렁하다**	ぶかぶかだ
하다形容詞	**심하다**	ひどい

---┤ 6節 ├---

指定詞と存在詞

9品詞に含まれない品詞

韓国の学校文法で設けられている品詞とは別に、2つの品詞があります。それは、指定詞と存在詞です。これらは、可変語なので用言に含まれます。

指定詞
指定詞は「～である・～だ」「～でない」の2語で、名詞の後につけて使用します。「～だ」は、日本語の品詞では助動詞にあたりますが、韓国語では助詞になります。「～でない」は韓国語では形容詞にあたります。

ハングル	意味	品詞
이다	～である・～だ	助詞
아니다	～でない	形容詞

『**이다**』は、名詞の後にそのままつけることができますが、『**아니다**』は名詞の後に助詞をつけなければいけません。

存在詞
存在詞は、「ある・いる」「ない・いない」の2語で、用法によって動詞・形容詞に分けられます。

ハングル	意味	品詞
있다	ある	形容詞
	いる	動詞
없다	ない	形容詞
	いない	動詞

・能力がある・ない(形容詞)
・人がいる・いない(動詞)

있다の尊敬語【**계시다**(いらっしゃる)】も存在詞に含まれます。この場合、目上の方に使われる単語で動詞に分類されます。

語幹と語尾

変化しない「語幹」と変化する「語尾」

用言は、変化しない語幹と変化する語尾で成り立っています。日本語で説明すると「食べる」は『食べ』が語幹、『る』が語尾です。「食べます」や「食べない」など語尾が変化しますよね。

韓国語の用言の原形にはすべて【다】がついています。辞書で検索する際も【다】で終わるように載っています。

用言	日本語	ハングル	語幹	語尾
動詞	食べる	먹다	먹	
形容詞	忙しい	바쁘다	바쁘	다
指定詞	～だ	이다	이	
存在詞	ある・いる	있다	있	

3種類の語幹

用言の語幹は「母音語幹」「子音語幹」「ㄹ語幹」に分類されます。語幹の最後の文字が母音か子音かで分け、子音も2つに分類します。つまり、語幹の最後の文字が母音のものは「母音語幹」、ㄹ以外の子音のものは「子音語幹」、ㄹの子音のものは「ㄹ語幹」となります。

	ハングル	語幹	語幹の母音
母音語幹	만나다 (会う)	만나	ㅏ
子音語幹	좋다 (良い)	좋	ㅗ
ㄹ語幹	달다 (甘い)	달	ㅏ

語尾を変化させる際、母音語幹は、陽母音と陰母音を分けるだけです。
子音語幹（パッチム有）とㄹ語幹は、パッチムを無視して母音（陽か陰か）を確認します。ㄹ語幹は、後ろにつける語尾によってはㄹ脱落しますので、子音語幹と区別しています。

陽母音がついた語幹を陽語幹、陰母音がついた語幹を陰語幹と言います。

語幹をきちんと理解しないと語尾の活用ができないので、覚えておきましょう。

語尾活用

用言に連用形の語尾をつける際、語幹の最後の母音が陽母音か陰母音かで語尾の頭の文字が「아/어」のどちらかに分かれます。

	語幹に続く文字（아/어形）
陽語幹	**아**
陰語幹	**어**

過去形にするときや疑問形にするときに必ず活用します。

※すべてが規則的ではなく、陽母音の「ㅐ」と「ㅚ」の語幹に続く文字は『어』になります。

変則活用

変則活用とは、動詞や形容詞を活用させる際に語幹につく語尾の種類で母音や子音を変更するというものです。

発音の変化は、ハングルが変わらないのに対し変則活用は変わります。

用言の語尾を活用させてみましょう。

먹다 → 먹습니다
（食べる）　　（食べます）

팔다 　 팝니다
（売る）　　　（売ります）

ハムニダ体にする
"습니다"をつけたら
「ㄹ」も「ㅅ」も
なくなってしまった!!

『ㄹ』パッチムは、語尾の変化が他の子音と異なります。

上の図のようにパッチムがついている他の単語とでは語尾の形が変わったりします。このような活用を変則活用と言います。

ただ、これは絶対ではありません。

正則活用で子音が変わらない単語もあるので、1つ1つ単語の特徴を覚えましょう。

変則活用① ㄹ変則活用

ㄹ変則活用とは

変則活用には基本となる7パターンと、一部の単語のみ変則になる4パターンがあります。まず紹介するのはㄹ変則活用です。

語幹末にㄹパッチムがついている単語は、後ろにつく子音によって【ㄹ脱落】となります。これをㄹ変則活用と言います。

まず、ㄹパッチムは語幹に「으」がつきません。パッチムがある単語は滑らかに発音するため「으」を用いて語尾をつけますが、ㄹパッチムは必要ありません。

"生きる（暮らす）"という単語の「살다」を用いて図で説明しましょう。

살다＋으면

살 으 면
（暮らせば）

「으」バイバーイ

ㄹ語幹は「으」と仲が悪いので、隣にくることはありません。

	原形	仮定（〜れば）	移動の目的（〜しに）
ㄹ以外の語幹	먹다（食べる）	먹으면（食べれば）	먹으러（食べに）
ㄹ語幹	만들다（作る）	만들면（作れば）	만들러（作りに）

① 「ㅅ」子音が後ろにくるとき【ㄹ脱落】

살다 ＋ ~~으~~세요

ㄹ 사세요
（暮らしなさい）

「ㅅ」がつくと
ㄹ脱落

ㄹ語幹は「ㅅ」子音と仲が悪いので、隣にくることはありません。
ㄹは脱落します！

	原形	命令形
ㄹ以外の語幹	먹다（食べる）	먹으세요（食べなさい）
ㄹ語幹	만들다（作る）	만드세요（作りなさい）

② 「ㅂ」子音が後ろにくるとき【ㄹ脱落】

살다 ＋ ~~스~~ㅂ니다 → ㅂ니다

ㄹ 삽니다
（暮らします）

ㅂパッチムが
ㄹを追い出します

まず、ハムニダ体の語尾にするとき、パッチムがある語幹に"습니다"がつきます。①にあるようにㄹ語幹は「ㅅ」子音と仲が悪いので「ㄹ」は脱落します。パッチムのない語幹には"ㅂ니다"をつけます。
つまり、子音の「ㅂ」が「ㄹ」を追い出すという形になります。

	原形	ハムニダ体（平叙文）
ㄹ以外の語幹	먹다（食べる）	먹습니다（食べます）
ㄹ語幹	만들다（作る）	만듭니다（作ります）

③「ㄹ」子音が後ろにくるとき【ㄹ脱落】

살다＋~~을~~ 거예요→ㄹ 거예요

「ㄹ」2つも
いらないよ!!

ㄹ 살 거예요

(暮らすでしょう)

ㄹ＋ㄹ＝ㄹ（1＋1＝2じゃなくて1＋1＝1）ということです。

未来の文章にするときはパッチムがある語幹に“을”をつけるのですが、ㄹ語幹に「으」はつかないため、パッチムの“ㄹ”をつけることになります。2つも「ㄹ」子音は必要ないので、1つは脱落します。

	原形	未来連体形（意志・推量）
ㄹ以外の語幹	먹다（食べる）	먹을 거예요（食べるでしょう）
ㄹ語幹	만들다（作る）	만들 거예요（作るでしょう）

④「ㄴ」子音が後ろにくるとき【ㄹ脱落】

살다＋는(現在) **~~은~~**(過去)

「ㄴ」はㄹより強い

(暮らす人)

(暮らした人)

ㄹ 사는 사람
ㄹ 산 사람
すぽ〜ん
S P L N
「ㅅ·ㅂ·ㄹ·ㄴ」は
ㄹパッチム脱落

連体形にするときに「ㄴ」子音が語幹につきます。パッチムのある語幹に連体形（現在：는/過去：은）をつけるとㄹは脱落します。

“暮らす”は、ㄹ脱落＋는です。“暮らした”は、은の「으」を外し、ㄹ脱落＋ㄴという形になります。

	原形	現在連体形	過去連体形
ㄹ以外の語幹	먹다（食べる）	먹는（食べる〜）	먹은（食べた〜）
ㄹ語幹	만들다（作る）	만드는（作る〜）	만든（作った〜）

「ㄹ変則活用」は、子音『ㅅ・ㅂ・ㄹ・ㄴ』がㄹ語幹につくときにㄹが“すぽ〜んと落ちる”と覚えましょう。

── 9節 ──

変則活用② 르変則活用

르変則活用とは

パッチムがなく語幹末が「르」の一部の単語は、後につける語尾の頭が「아/어形」のとき、「르」が ㄹ パッチムに変わって「아/어」が『라/러』になります。これを 르変則活用と言います。

$$르 + 아 → ㄹ + 라 \quad 陽母音$$

$$르 + 어 → ㄹ + 러 \quad 陰母音$$

陽母音と陰母音のどちらをつけるのかは、単語の語幹「르」の前の母音を確認します。例えば"呼ぶ"という単語の「부르다」の母音は『부』を見ます。母音が『ㅜ』なので陰母音です。

부르다 → 부르̶ + ㄹ 러요
(呼ぶ)　　　　陰母音

↓

불러요 (呼びます)

	原形	ヘヨ体（平叙文）
陽母音	빠르다 （速い）	빨라요 （速いです）
陰母音	서두르다 （急ぐ）	서둘러요 （急ぎます）

르変則活用は、次に説明する 으変則活用と似ているので注意が必要です。르正則活用の【따르다（従う）】【치르다（払う）】【들르다（寄る）】は 으変則活用になります。また、【이르다】は「早い」という意味のときは 르変則活用ですが、「至る」という意味のときは 러変則活用です。

変則活用③ 으変則活用

으変則活用とは

パッチムがない用言で語幹の最後の母音が『一』、後につける語尾の頭が「아/어」のとき、語幹末の母音【一】が脱落し、「아/어」の子音【ㅇ】が脱落します。これを으変則活用と言います。

「ㅏ / ㅓ」のどちらをつけるのかは、『一』がつく文字の前の母音を確認します。陽母音は「ㅏ」、陰母音は「ㅓ」をつけます。

나쁘다 → 나쁘 + 아요 → 나빠요
(悪い)　　　　　えいっ!　　　　　　　(悪いです)

슬프다 → 슬프 + 어요 → 슬퍼요
(悲しい)　　　　　ポイッ!　　　　　　(悲しいです)

"使う"という単語の「쓰다」のように2文字の場合、『一』がつく文字の前の母音を確認できません。その場合は、【一】脱落で陰母音がつきます。

쓰다 → 쓰 + ㅓ요 → 써요
(使う)　　　　　　　　　(使います)

◈ 注意ポイント ◈

語幹末が「르」のときは、으変則活用はしません。一部の르正則活用は、으変則活用になりますので注意してください。

変則活用④ ㅅ変則活用

ㅅ変則活用とは

語幹末に ㅅパッチムがついている一部の単語は、後ろに子音の『ㅇ』がつくと【ㅅ脱落】となります。これを ㅅ変則活用と言います。

他の変則活用と違い【ㅅ脱落】するのみです。

낫다　　나 ＋ㅇ → 나아요
（治る）　　　　　　　　　　　　　　**（治ります）**

「**낫다**」は、2つの意味があります。動詞の「治る」と形容詞の「マシだ」で、どちらも ㅅ変則活用です。

	原形	ヘヨ体（平叙文）	仮定形（〜なら）
陽語幹	**낫다**（マシだ）	**나아요**（マシです）	**나으면**（マシなら）
陰語幹	**짓다**（建てる）	**지어요**（建てます）	**지으면**（建てれば）

語幹末が ㅅパッチムの用言は、動詞の単語が大半です。形容詞は「**낫다**」のみです。

ㅅ正則活用は6単語あります。正則活用は【ㅅ脱落】しません。

笑う	**웃다**	湧く	**솟다**
洗う	**씻다**	奪う	**빼앗다**
脱ぐ	**벗다**	（髪を）とく	**빗다**

すべて動詞です。

間違って変則活用しないように、この6単語は暗記しましょう。

変則活用⑤ ㅂ変則活用

ㅂ変則活用とは

語幹末に ㅂ パッチムがついている一部の単語は、後ろにつく文字によって【ㅂ脱落】となります。これを ㅂ 変則活用と言います。

①「아/어形」がつくとき【ㅂ脱落＋워変化】
ㅂ パッチムの後につける語尾の頭が「아/어」のとき、ㅂ を脱落させて、続く文字を『워』と交換します。他の変則活用は「아/어」の語尾がつくとき、陽母音・陰母音でつく文字が変わりますが、ㅂ パッチムにつけるときは母音の種類は関係ありません。

고맙다→고맙+워요→고마워요
（ありがたい） **（ありがとうございます）**

原形	ヘヨ体（平叙文）	連結語尾（〜て）
굽다（焼く）	구워요（焼きます）	구워서（焼いて）
맵다（辛い）	매워요（辛いです）	매워서（辛くて）

すべての単語が「ㅂ脱落＋워」になるわけではありません。
下記の単語は、活用が異なります。

돕다 → 돕+와요 → 도와요
（手伝う） **（手伝います）**

곱다 → 곱+와요 → 고와요
（きれい） **（きれいです）**

「돕다」と「곱다」のみ、ㅂ を脱落させて、続く文字を『와』と交換します。この2単語だけなので、暗記してください。

②「으」がつくとき【ㅂ脱落+우変化】

ㅂパッチムの後に「으」がつくときは、ㅂを脱落させて、続く文字を『우』と交換します。

줍다 + ~~으~~십시오 → 우십시오
(拾う)

주우십시오
(拾ってください)

原形	仮定形（〜なら）	連体形
어렵다（難しい）	**어려우면**（難しいなら）	**어려운**（難しい〜）
아깝다（惜しい）	**아까우면**（惜しいなら）	**아까운**（惜しい〜）

ほとんどの形容詞がㅂ変則活用となります。正則活用は「ㅂ」脱落せず、워・우変化もしません。

以下は、ㅂ正則活用の単語です。

動詞		形容詞	
굽다	曲がる	**좁다**	狭い
뽑다	抜く	**수줍다**	内気だ
씹다	噛む		
업다	背負う		
입다	着る		
잡다	取る・捕まえる		
접다	折る		
집다	つかむ・つまむ		

"굽다"という単語は、2つの意味があるため注意が必要です。「焼く」という意味のときは変則活用、「曲がる」という意味のときは正則活用です。

変則活用⑥ ㅎ変則活用

ㅎ変則活用とは

語幹末に ㅎ パッチムがついている形容詞で、後ろにつく文字によって変化が起きることを ㅎ 変則活用と言います。

①「아/어形」がつくとき【母音と ㅎ 脱落＋ㅐ変化】
ㅎ パッチムの後ろにつける語尾の頭が「아/어」のとき【母音と ㅎ 脱落】し、「아/어」が『ㅐ』に変化します。

그렇다 → 그렇어 + 어요 → 그래요
（そうだ）　　　　　　　　　　　　　（そうです）

	原形	ヘヨ体（平叙文）
陽語幹	**빨갛다**（赤い）	**빨개요**（赤いです）
陰語幹	**이렇다**（こうだ）	**이래요**（こうです）

また、ㅎ パッチムの母音が「ㅑ」のときは「ㅐ」に変化します。

하얗다 → 하얗 + 아요 → 하얘요
（白い）　　　　　　　　　　（白いです）

母音に注目です！
語幹についている母音によって、変化する母音が変わります。

語幹末の母音	変化する母音
ㅏ	ㅐ
ㅓ	ㅐ・ㅔ
ㅑ	ㅐ
ㅕ	ㅔ

시퍼렇다（真っ青だ）は、
시퍼래／시퍼레どちらも
使われています。

②「으」がつくとき【ㅎと으脱落】

ㅎパッチムの後に「으」がつくときは、ㅎを脱落させて、続く으もなくなります。

어떻다 + 으면
（どうだ）

어떻 + 으면 → 어떠면
（どうなら）

原形	仮定形（〜なら）	連体形
저렇다（ああだ）	저러면（ああなら）	저런（あんな〜）
파랗다（青い）	파라면（青いなら）	파란（青い〜）
까맣다（黒い）	까마면（黒いなら）	까만（黒い〜）
노랗다（黄色い）	노라면（黄色いなら）	노란（黄色い〜）

◈ 注意ポイント ◈

ㅎ変則用言は形容詞のみですが、『좋다』のみ正則活用ですので注意してください。

動詞は正則活用になります。

動詞		形容詞	
낳다	産む	좋다	良い
넣다	入れる		
놓다	置く		
닿다	届く		
찧다	搗く		

変則活用⑦ ㄷ変則活用

ㄷ変則活用とは

語幹末にㄷパッチムがついている一部の単語は、続く子音が『ㅇ』のとき【ㄷ脱落】し、代わりに『ㄹ』がパッチムになります。これをㄷ変則活用と言います。

걷다 → 걸 + ㅇ → 걸어요
(歩く) **(歩きます)**

【ㄷ変則活用一覧】

原形	ヘヨ体（平叙文）	仮定形（〜れば）
듣다（聞く）	들어요（聞きます）	들으면（聞けば）
싣다（載せる）	실어요（載せます）	실으면（載せれば）
묻다（尋ねる）	물어요（尋ねます）	물으면（尋ねれば）
눋다（焦げる）	눌어요（焦げます）	눌으면（焦げれば）
깨닫다（悟る）	깨달아요（悟ります）	깨달으면（悟れば）

ㄷ変則用言は、動詞のみです。形容詞では活用しません。
語幹末がㄷパッチムの形容詞は、すべて正則活用です。

ㄷ正則活用の動詞も確認しましょう。

片づける	걷다	固まる	굳다	受ける	받다
埋める	묻다	剝がす	뜯다	こぼす	쏟다
閉める	닫다	信じる	믿다	得る	얻다

◈ **注意ポイント** ◈

걷다…歩く［ㄷ変則］／片づける［ㄷ正則］
묻다…尋ねる［ㄷ変則］／埋める［ㄷ正則］
同じ単語でも意味が違うと活用が異なるので注意してください。

┤ 15節 ├

変則活用⑧ 러変則活用

러変則活用とは

パッチムがなく語幹末が「르」の一部の単語は、後につける語尾が「아/어形」のとき、「아/어」が『라/러』になります。これを러変則活用と言います。

르変則活用は、「르→ㄹパッチム」に変化しますが、러変則活用は「르」が変化せずそのままです。르変則活用と似ているため注意が必要です。

러変則活用は、「르」が変化しません。すなわち「아/어形」をつけるときに陽母音・陰母音の確認は必要ありません。「르」は母音が陰母音のため、必ず「어形」がつきます。

러変則活用になる単語は4つだけです。

原形	ヘヨ体（平叙文）
이르다 （至る）	이르러요 （至ります）
푸르다 （青い）	푸르러요 （青いです）
노르다 （黄色い）	노르러요 （黄色いです）
누르다 （黄色い）	누르러요 （黄色いです）

◈ 注意ポイント ◈

別の意味のときは르変則活用になります。
이르다…早い
누르다…押さえる

また、"黄色い"の「노르다」「누르다」はあまり使われません。黄色いは「노랗다」という単語がよく使われます。

変則活用⑨ 어変則活用

어変則活用とは

語幹末の母音が『ㅓ』の単語で、後に「어形」の語尾がくるとき、「ㅓ・어」が脱落し『ㅐ』が現れます。これを어変則活用と言います。

이러다＋어요
（こうする）

이러＋어요 → 이래요
（こうします）

この어変則活用は、ごく一部の単語です。

原形	ヘヨ体（平叙文）	連結語尾（～して）
그러다（そうする）	그래요（そうします）	그래서（そうして）
저러다（ああする）	저래요（ああします）	저래서（ああして）
어쩌다（どうする）	어째요（どうします）	어째서（どうして）

어変則活用は「こうする」「そうする」「ああする」「どうする」の4単語です。

◆ 注意ポイント ◆

『그래요』は2つの意味があります。그러다の「そうする」という動詞と、그렇다の状態や性質を表す「そうである」という形容詞のヘヨ体は、ともに『그래요』となります。

表記・発音は同じですが、ニュアンスが異なります。

그러다の活用の場合「そうします」という意味ですが、그렇다の活用の場合は「そうです」という意味になります。

—┤ 17節 ├—

変則活用⑩ 하変則活用

하変則活用とは

語幹末の「하」の後に「아形」がつくとき、「아」ではなく『여』がつきます。これを하変則活用と言います。

「하」は、陽母音があるため陽語幹です。
「아/어形」の語尾をつけるときは「아」になるはずですが、なぜか『여』がつきます。

そして『하여』は、縮約されて『해』になります。
『하여』は、かたい印象を持ち文語で用いられます。口語では『해』を使用します。

この하変則活用は、하다がついた形容詞・動詞どちらも同じ活用です。

	原形	ヘヨ体（平叙文）	連結語尾（〜して）
形容詞	한심하다 (情けない)	한심해요 (情けないです)	한심해서 (情けなくて)
	심심하다 (退屈だ)	심심해요 (退屈です)	심심해서 (退屈で)
動詞	계속하다 (続ける)	계속해요 (続けます)	계속해서 (続けて)
	궁금하다 (気になる)	궁금해요 (気になります)	궁금해서 (気になって)

変則活用⑪ 우変則活用

우変則活用とは

語幹の母音が「ㅜ」で、後ろにつく文字が「어形」の語尾のとき、語幹の母音【ㅜ】と続く文字の子音【ㅇ】が脱落します。

そして、この우変則活用は、たった１つの単語だけです。

푸다+어요
（すくう）

푸+어요 → 퍼요
（すくいます）

脱落します

「すくう」「汲み上げる」「(ご飯を)よそう」という単語の『푸다』でしか用いません。

疑問形	過去形	連結語尾（～て）
퍼요?（すくいますか？）	펐어요（すくいました）	퍼서（すくって）

１つの単語だけなので、暗記しましょう。

変則活用とは

変則活用とは、用言（動詞・形容詞）が変則的に異なる活用をすることです。
同じ単語でも意味が違えば活用が異なる単語、すべての単語に当てはまらずごく一部の単語のみ変化する活用もあります。
きちんと理解していないと文章を読むことも書くこともできません。単語の語尾活用に困ったら確認してみてください。

韓国語の名詞

ここでは、韓国語の基本的な名詞をご紹介します。
自分で文章を書くとき、旅行で少し韓国語で話したいときに
必要になってくるものですので、
ぜひここで覚えて使っていきましょう。

韓国語の数字① 漢数詞

漢数詞とは

韓国語の数字には、漢字語数詞と固有語数詞の2種類があります。日本語にも「イチ・ニ・サン……」と「一つ・二つ・三つ……」の読み方がありますよね。日本語の「イチ・ニ・サン……」にあたるのが漢字語数詞です。漢数詞とも言われます。

数字の表現の基本は漢数詞です。
算数や数学で使われます。

【0〜19／漢数詞】

	表記	発音		表記	発音
0	영/공	yeong/ kong	10	십	sip
1	일	il	11	십일	si-bil
2	이	i	12	십이	si-bi
3	삼	sam	13	십삼	sip-ssam
4	사	sa	14	십사	sip-ssa
5	오	o	15	십오	si-bo
6	육	yuk	16	십육	sim-nyuk
7	칠	chil	17	십칠	sip-chil
8	팔	pal	18	십팔	sip-pal
9	구	ku	19	십구	sip-kku

「0」は2つあります。「영＝零」、「공＝ゼロ」にあたります。
ちなみに「제로＝ZERO」とも表記できます。

数学などで使う0は「영」、携帯電話の番号を伝えるときの0は「공」です。
（例）090-9872-0001→공구공-구팔칠이-공공공일

造語でもう1つ、「0」があります。

빵 [ppang]

テストの点数が「0点＝**빵 점**」、無料や収入がないという意味で「0ウォン＝**빵 원**」と使います。「0」を強調するときに用います。

【20～／漢数詞】

	表記	発音		表記	発音
20	**이십**	i-sip	1千	**천**	cheon
30	**삼십**	sam-sip	5千	**오천**	o-cheon
40	**사십**	sa-sip	1万	**만**	man
50	**오십**	o-sip	5万	**오만**	o-man
60	**육십**	yuk-ssip	10万	**십만**	sim-man
70	**칠십**	chil-ssip	100万	**백만**	paeng-man
80	**팔십**	pal-ssip	1000万	**천만**	cheon-man
90	**구십**	ku-sip	1億	**억**	eok
100	**백**	paek	1兆	**조**	cho

日本語では、「1万」を「イチマン」と言いますが、韓国語では「일」をつけません。「2万（**이만**）」からつけます。「億」と「兆」も同様です。

数字が2桁以上になると、連音化や濃音化などで発音が変化します。

漢数詞「6」の発音と表記に注意

「6」は、語頭と語中で発音・表記に変化が起きます。

		表記	発音
語頭		육	육 [yuk]
語中	母音の後	륙	륙 [ryuk] [lyuk]
	ㄹパッチムの後		
	ㄹ以外のパッチムの後	육	뉵 [nyuk]

語中に「6」が入るときは前の語幹を確認してください。「육」が入ると [yuk] と発音しづらいため、上記のように音が変化します。

母音語幹・ㄹパッチムの後につくときのみ表記も変化しますが、基本はアラビア数字で用いるため、発音が変化すると覚えておきましょう。

ちなみに、北朝鮮では「6」を『륙』と読み書きします。

		表記	発音
語頭	暦の月を表すとき	유	yu
語中	他の数詞と並列するとき	륙	ryuk(lyuk)※
	旧暦の「五六月」という単語のみ	뉴	nyu

※ㄹ語幹の数詞と並ぶときは発音は[lyuk]となります。数字の1、7、8に続くと[l]の発音。それ以外は[r]です。

表記も発音も変わります。

・「6月」と表すときは『유』です。

・他の数詞と並列というのは、携帯番号や算数の九九、過去の大きい事件の日付の棒読みなどのことで、これらの際には『륙』となります。例えば5×6＝30(ゴロクサンジュウ)は、『오륙삼십』となり、紙サイズの三六版(サブロクバン)は『삼륙판』となります。

・『오뉴월(旧暦の五六月)』は、蒸し暑い季節という意味で用います。

10月も要注意！

6月【유월】 10月【시월】

6と10は暦の月を表すときは、漢数詞のパッチムが脱落します。

漢数詞で使う助数詞

	表記	発音			表記	発音
年	**년**	nyeon		度	**도**	to
月	**월**	wol		号	**호**	ho
日	**일**	il		番号	**번**	peon
分	**분**	pun		番地	**번지**	peon-ji
秒	**초**	cho		人分	**인분**	in-bun
回	**회**	hwe		年生	**학년**	hang-nyeon
階	**층**	cheung	通貨	ウォン	**원**	won
泊	**박**	pak		円	**엔**	en

※時間の「〜分」「〜秒」は漢数詞ですが、「〜時」「〜時間」は固有数詞です。

漢数詞を使って、自分の誕生日を言えるようにしましょう。
例えば、生年月日が[1986年9月25日]のとき、下記のようになります。

<table>
<tr><td>千</td><td>九</td><td>百</td><td>八</td><td>十</td><td>六</td><td></td><td>年</td><td></td><td>九</td><td></td><td>月</td><td></td><td>二</td><td>十</td><td>五</td><td></td><td>日</td></tr>
</table>

천구백팔십육 년 구 월 이십오 일

漢数詞と助数詞の間は1マス空けてください。

韓国語の数字② 固有数詞

固有数詞とは

固有語数詞は、日本語の「一つ、二つ……」にあたります。固有数詞とも言います。
韓国語の固有数詞は、1から99まであります。
100以上は、漢数詞を使います。

【1～20／固有数詞】

	表記	発音		表記	発音
1	**하나**	ha-na	11	**열 하나**	yeor-ha-na
2	**둘**	tul	12	**열 둘**	yeol-ttul
3	**셋**	set	13	**열 셋**	yeol-sset
4	**넷**	net	14	**열 넷**	yeol-let
5	**다섯**	ta-seot	15	**열 다섯**	yeol-tta-seot
6	**여섯**	yeo-seot	16	**열 여섯**	yeo-ryeo-seot
7	**일곱**	il-gop	17	**열 일곱**	yeo-ril-gop
8	**여덟**	yeo-deol	18	**열 여덟**	yeo-ryeo-deol
9	**아홉**	a-hop	19	**열 아홉**	yeo-ra-hop
10	**열**	yeol	20	**스물**	seu-mul

漢数詞と違い、固有数詞には「0」はありません。

1・2・3・4・20は特別

	表記	発音
1	**한**	han
2	**두**	tu
3	**세**	se
4	**네**	ne
20	**스무**	seu-mu

左記の数字は、助数詞がつくと単語が変化します。

【21〜／固有数詞】

	表記	発音		表記	発音
21	스물하나	seu-mur-ha-na	30	서른	seo-reun
22	스물둘	seu-mul-ttul	40	마흔	ma-heun
23	스물셋	seu-mul-sset	50	쉰	swin
24	스물넷	seu-mul-let	60	예순	ye-sun
25	스물다섯	seu-mul-tta-seot	70	일흔	ir-heun
26	스물여섯	seu-mu-ryeo-seot	80	여든	yeo-deun
27	스물일곱	seu-mu-ril-gop	90	아흔	a-heun
28	스물여덟	seu-mu-ryeo-deol			
29	스물아홉	seu-mu-ra-hop			

100以上の数字を使いたいとき

（例）

（106歳）
백여섯 살
（漢数詞の100＋固有数詞の6）

（1053個）
천쉰세 개
（漢数詞の1000＋固有数詞の53）

固有数詞で使う助数詞

		表記	発音			表記	発音
時間		시간	si-gan	本	瓶	병	pyeong
時		시	si		花	송이	song-i
人		사람	sa-ram		樹木	그루	keu-ru
名		명	myeong	杯	器・お椀	그릇	keu-reut
匹・頭		마리	ma-ri		グラス	잔	chan
歳		살	sal	着・一式		벌	peol
個		개	kae	足		켤레	kyeol-le
枚		장	chang	台		대	tae
冊・巻		권	kwon	歩		발	pal

時刻の数え方

「時」は固有数詞、「分」は漢数詞

韓国語で時刻を読むときは注意が必要です。「時」は固有数詞、「分」は漢数詞です。書くときは、ハングルではなく数字と助数詞で表記します。

(2時41分) 2시 41분	(10時3分) 10시 3분
固有数詞　　　漢数詞	固有数詞　　　漢数詞
두 시 사십일 분	열 시 삼 분

時刻は12時間制

日本では、24時間制で午後１時を［13時］と言うときもありますよね。韓国では12時間制で表します。午前０時から11時59分・午後12時から11時59分です。

夜中の0時は？　午前12時？

「〜時」は、固有数詞だけど数字の０がない。どう表せばいいの？

固有数詞には「０」がありません。すなわち「０時」と表すことはできません。

	表記	発音
午前	**오전**	o-jeon
午後	**오후**	o-hu

携帯電話などデジタルの時計では、午前０時は『**오전 열두 시**（午前12時）』となります。

◎さまざまな『午前0時』の表し方

韓国語の「0時」は、状況に応じて他の言い方も可能です。

cha- jeong
자 정
(夜中0時)

pam yeol- ttu si
밤 열두 시　(밤12시)
(夜の12時)

「帰りが0時だった」など、0時
前後を表すときに用いられます。

yeong-si
영시
(零時)

漢字語を使って表す「0時」です。
正確な時刻の0時のときにしか使えません。「明日の0時に情報
解禁」とか「0時発車の夜行バス」などのように使います。

◎30分の『半』の表し方

「5時半」というような時刻の「30分」を表す『半』は、韓国語でも使います。

ban
다섯 시 반　(5時半) 5 시 반

固有数詞を使って時間を表し、後ろに【반】をつけるだけです。

◎「～前」「～後」の表し方

「15分前」「2時間後」などと使うときがありますよね。漢数詞・固有数詞・助数
詞を使って表してみましょう。

	表記	発音
～前	**전**	cheon
～後	**후**	hu

※午前・午後の「午」を取っただけです。有声音化に注意。

jeon
이십 분 전
(20分前)

hu
한 시간 후
(1時間後)

日にちの数え方

日にちの数え方は2通りがある

日本語の日にちの数え方は「イチニチ」と「ついたち」のように言い方が2つありますよね。韓国語も同じです。

漢字語で日にちは、漢数詞に助数詞の『일』をつけて表します。基本は、漢字語の日にちを使いますが、固有語の日にちも覚えましょう。

漢字語（イチニチ）			固有語（ついたち）	
表記	発音		表記	発音
일 일	i-ril	1日	**하 루**	ha-ru
이 일	i-il	2日	**이 틀**	i-teul
삼 일	sa-mil	3日	**사 흘**	sa-heul
사 일	sa-il	4日	**나 흘**	na-heul
오 일	o-il	5日	**닷 새**	tat-ssae
육 일	yu-gil	6日	**엿 새**	yeot-ssae
칠 일	chi-ril	7日	**이 레**	i-re
팔 일	pa-ril	8日	**여 드 레**	yeo-deu-re
구 일	ku-il	9日	**아 흐 레**	a-heu-re
십 일	si-bil	10日	**열 흘**	yeor-heul

固有語の10日以降は『열』＋固有語の日付です。

11日は「**열하루**」、12日は「**열이틀**」です。15日は「**열닷새**」ですが、他に半月という意味の「**보름**」もあります。20日は『**스무날**』です。

固有語の日にちは「1日中」とか「1日分」というような時間的な単位で用います。また、漢数詞を使って「2、3日」「3、4日」という表し方もします。

	表記	発音
2、3日	**이삼일**	i-sa-mil
3、4日	**삼사일**	sam-sa-il

┤ 5節 ├

人称代名詞

人称代名詞とは

人称代名詞とは「私」「あなた」というように人を指す言葉のことを言います。主格・所有格・目的格などを下の表で確認しましょう。

【一人称】

◎私

	謙譲語（私・わたくし）		親しい間柄で用いる（私・僕）	
私	저	cheo	나	na
私は	저는	cheo-neun	나는	na-neun
私が	제가	che-ga	내가	nae-ga
私の	제 (저의)	che	내 (나의)	nae
私を	저를	cheo-reul	나를	na-reul
私も	저도	cheo-do	나도	na-do
私に	저에게	cheo-e-ge	나에게	na-e-ge
	저한테 (口語)	cheo-han-te	나한테 (口語)	na-han-te
私と	저하고	cheo-ha-go	나하고	na-ha-go
	저랑 (口語)	cheo-rang	나랑 (口語)	na-rang

日本語は「私」以外に「僕」「俺」など一人称の表現に多くの種類がありますが、韓国語にはありません。

「私の」を表す「제」は「저의」の縮約形です。文語でも縮約された「제」を用います。

初対面や目上の方には、必ず「저」を使ってください。「나」は、友達や家族の間で用います。

私たち

私たち	우리	u-ri
私たちは	우리는	u-ri-neun
私たちが	우리가	u-ri-ga
私たちの	우리	u-ri
私たちを	우리를	u-ri-reul

韓国語で「私たち」はよく使われます。自分の父親の話をするときなど「私たちの父」という言い方をします。

他に【저희】もありますが、訳すと「我々」や「私ども」というニュアンスになります。

【二人称】

韓国語で「あなた」という表現はあまり使われません。聞き手に対し、名前で呼ぶことが多いためです。時折使われる「君」「おまえ」にあたる単語を紹介します。

君	너	neo
君は	너는	neo-neun
君が	네가	ne-ga
君の	네(너의)	ne
君を	너를	neo-reul
君も	너도	neo-do
君ら	너희	neo-hi
君たち	너희들	neo-hi-deul

「君が」の『네가』は、『내가（私が）』と発音が非常に近いので、口語で使うときは【니가/너가】「君の」は【니/너】と発音する方が多いです。

親しい間柄で用います。

◎あなた

あなた	당신	tang-sin
あなたは	당신은	tang-si-neun
あなたが	당신이	tang-si-ni
あなたの	당신의	tang-si-ne
あなたを	당신을	tang-si-neul
あなたも	당신도	tang-sin-do
あなたたち	당신들	tang-sin-deul

「あなた」の直訳は『당신』ですが、頻繁には使われません。夫婦間で喧嘩したときなどに用いられます。もちろん目上の方にも使いません。

その他の二人称

그대 (君)

歌詞や小説、文語で用いられます。口語では用いません。

자네 (君・おまえ)

年配者が部下（目下）などに使います。

【三人称】

「彼」「彼女」などは、普段の生活ではほぼ使われません。日本語でも「その人」「あの人」と言うことが多いと思います。韓国語も同様です。

◎彼・彼女

彼	그	keu	彼女	그녀	keu-nyeo
彼は	그는	keu-neun	彼女は	그녀는	keu-nyeo-neun
彼が	그가	keu-ga	彼女が	그녀가	keu-nyeo-ga
彼の	그의	keu-e	彼女の	그녀의	keu-nyeo-e
彼を	그를	keu-reul	彼女を	그녀를	keu-nyeo-reul
彼ら	그들	keu-deul	彼女ら	그녀들	keu-nyeo-deul

口語ではなく、文語で使われます。

◎その人・その方

その人	그 사람	keu sa-ram	その方	그 분	keu bun
その人は	그 사람은	keu sa-ra-mun	その方は	그 분은	keu bu-nun
その人が	그 사람이	keu sa-ra-mi	その方が	그 분이	keu bu-ni

知り合いの話をするときに「その人」「あの人」と使います。

◎その男・その女・その子

その男	그 남자	keu nam-ja
その男は	그 남자는	keu nam-ja-neun
その男が	그 남자가	keu nam-ja-ga
その女	그 여자	keu yeo-ja
その女は	그 여자는	keu yeo-ja-neun
その女が	그 여자가	keu yeo-ja-ga
その子	걔	kyae
その子は	걔는	kyae-neun
その子が	걔가	kyae-ga

日本で「その男」「その女」という言葉を使うとキツく感じますが、韓国ではそこまでキツい印象はありません。普通に使われる三人称です。

韓国での名前の呼び方

フルネームで呼びましょう

◎김소연 씨
(キム・ソヨンさん)

△소연 씨
(ソヨンさん)

×김 씨
(キムさん)

名前：김 소 연 （キム・ソヨン）

韓国で人の名前を苗字に「さん」をつけて呼ぶと大変失礼です。フルネームに「さん」をつけて呼びましょう。

名前が【김소연】キム・ソヨンさんとしましょう。
「キムさん」ではなく「キム・ソヨンさん」と呼びます。親しくなったら「ソヨンさん」でもかまいません。

様	さん	くん・ちゃん	
		パッチム有	パッチム無
님	**씨**	**아**	**야**
nim	ssi	a	ya

ビジネスシーンでの目上の人には「役職名＋様」、親しくない人、目上の人には「フルネーム＋さん」、恋人・友達・目下の人には「名前＋さん」、もしくは呼び捨てでも可能です。

日本語の名前の後につける「くん」「ちゃん」もあります。男女で分かれておらず、名前にパッチムがあるかないかでつける文字が違います。

例えば、ミンジュンくんなら、『민준』と名前にパッチムがあるので『민준아（ミンジュナ）』です。ユリちゃんなら『유리』でパッチムがないので『유리야（ユリヤ）』と呼びます。

ちなみに日本語の「～さん」は【～상】、「～ちゃん」は【～짱】と表します。
親日家の韓国の方は、日本の方に使ってくれるみたいです。

┤ 7節 ├

家族の名称

家族の名称を覚えましょう

祖父	**할아버지**	ha-ra-beo-ji	兄	弟が呼ぶ	**형**	hyeong
祖母	**할머니**	hal-meo-ni		妹が呼ぶ	**오빠**	o-ppa
父 (パパ)	**아버지**	a-beo-ji	姉	弟が呼ぶ	**누나**	nu-na
	아빠	a-ppa		妹が呼ぶ	**언니**	eon-ni
母 (ママ)	**어머니**	eo-meo-ni	年下の兄弟		**동생**	tong-saeng
	엄마	eom-ma	弟	**남동생**	nam-dong-saeng	
			妹	**여동생**	yeo-dong-saeng	

母方（外家）の祖父母の呼び名は『祖父：**외할아버지**』『祖母：**외할머니**』と「**외**」がつきます。

小さい頃は、男女ともに『**아빠・엄마**（パパ・ママ）』と呼びますが、大きくなると男性はあまり使いません。女性は、使います。
他人の親や義理の親には「様（**님**）」をつけて『**아버님・어머님**』と使います。

兄・姉の使い方は日本と少し違い、男性が呼ぶときと女性が呼ぶときで呼び名が異なります。また、実の兄・姉ではなくても、身近なお兄さん・お姉さん的な存在の方にも使えます。

その他よく使われる家族の名称

自身の家族を紹介するときの「息子」「娘」「夫」「妻」など、普段使いできる名称も紹介します。

◎子供

	表記	発音		表記	発音
子供	**아이**	a-i	長男	**장남**	chang-nam
息子	**아들**	a-deul	長女	**장녀**	chang-nyeo
娘	**딸**	ttal	次男	**차남**	cha-nam
末っ子	**막내**	mang-nae	次女	**차녀**	cha-nyeo

子供の『아이』の使い方は『우리 아이는（うちの子は）』などと用いられます。

末っ子の『막내』は、アイドルグループの最年少メンバーに使うこともあります。

◎配偶者

	表記	発音		表記	発音
夫	**남편**	nam-pyeon	妻	**아내**	a-nae
旦那	**서방**	seo-bang	ワイフ	**와이프**	wa-i-peu

最近は、自分の旦那を『서방』と言わなくなりましたが、娘の旦那（婿）を呼ぶときに義理の親が使うことはあります。

妻の呼び名は多く、外来語の「ワイフ」もよく使われます。「ハズバンド」は使われません。
家内という意味の『집사람』『안사람』、女房という意味の『마누라』もあります。

他に自身の「夫・妻」を呼ぶときは『여보』と言い、これは日本語の「あなた」が近いと思います。男女ともに使います。最近ではカップルの間でも用いられます。

---| 8節 |---

オッパは特別な男性

男性が喜ぶ「오빠（オッパ）」

「オッパ」は不思議な言葉です。基本は、女性が自分のお兄ちゃんや親しい男性の先輩、近所のお兄ちゃんに使う名詞です。

この「オッパ」は、彼氏や旦那にも使います。
いわゆる特別な存在を意味します。男性は、好きな女性が他の男性を「オッパ」と呼ぶだけで嫉妬してしまうほど、魅力的な単語なのです。
なので、自分に対して「オッパ」と言われるとドキドキしてしまうようです。

また、好きな男性芸能人にも使います。「オッパ」は年上の男性を指しますが、芸能人を「オッパ」と言うときは、あまり年齢は気にしないようです。年下でも「オッパ〜♡」と言います。

恋人同士が使う愛称 **자기야** [cha-gi-ya]

男女ともに恋人を呼ぶときに使います。
基本は、相手の名前を呼ぶことが多いですが、冗談っぽく「ダーリン」「ハニー」というニュアンスで用いられます。

おじさん・おばさん・お嬢さん

「家族」以外で覚えておくべき名称

家族以外で覚えておくといい名称をご紹介します。

	表記	発音
おじさん	아저씨	a-jeo-ssi
おばさん	아주머니	a-ju-meo-ni
	이모	i-mo

日本でも店員さんに「おじさん」や「おばさん」などと声をかけたりしますよね。
市場などでよくしてくれる方には声をかけてみましょう。
『이모』は親族の「おばさん」でも使います。親族以外で使うときは、親しい間柄の人に対して用いられます。

ちなみに、おばさんは『아줌마』という単語もありますが、これは絶対に使ってはいけません。女性を蔑んで言う言葉です。

若い店員さんには「お兄さん」「お姉さん」と言ってあげるといいと思います。
逆に店長さんみたいな方には『사장님（社長）』と言うのもありです。

	表記	発音
お嬢さん	아가씨	a-ga-ssi

もしも道で声をかけなければいけないとき（落とし物をした人など）に、若い女性であれば『아가씨』と声をかけるといいです。振り返ってくれると思います。

男女ともに使えるのは『학생（学生）』です。本当に学生かどうかは関係ありません。20代半ばくらいまでの方になら「ハクッセン」と声をかけてください。
ちなみに『아가씨』『학생』は、若者に使う言葉です。あなた自身が若い場合は『저기요』を使い、「あの～、すみません」というニュアンスで声をかけてみてください。

—┤ 10 節 ├—
昨日・今日・明日

韓国語の昨日・今日・明日

昨日や今日、明日など日にちに関する韓国語を覚えましょう。

昨日・今日・明日

	表記	発音		表記	発音
今日	오늘	o-neul	明日	내일	nae-il
昨日	어제	eo-je	明後日	모레	mo-re
一昨日	그저께	keu-jeo-kke		내일모레	nae-il-mo-re
一昨昨日	그끄저께	keu-kkeu-jeo-kke	明明後日	글피	keul-pi

一昨日は、縮約して『그제』でもかまいません。

明後日の『모레』と『내일모레』は、どちらを使っても同じです。『내일모레』のほうは「明後日かな〜」と曖昧なニュアンスのときに用います。

曜日

日	月	火	水	木	金	土
일요일	월요일	화요일	수요일	목요일	금요일	토요일
i-ryo-il	wo-ryo-il	hwa-yo-il	su-yo-il	mo-gyo-il	keu-myo-il	to-yo-il

요일 (曜日)　　불금 (花金)

韓国にも「花金」があります。

『불타는 금요일（燃える金曜日）』の略で「花の金曜日」にあたります。土曜日が休日の方はお酒をたくさん飲んだり、夜遊びできちゃいますね。

３食の食事

韓国語で「３食」は

韓国語の３食の名称は、特徴があります。表で確認しましょう。

	表記	食事	表記	発音
朝	**아침**	朝食	**아침**	a-chim
			아침밥	a-chim-ppap
昼	**낮**	昼食	**점심**	cheom-sim
夕方	**저녁**	夕食	**저녁**	cheo-nyeok
			저녁 식사	cheo-nyeok-sik-ssa

朝・朝食は「**아침**」、夕方・夕食は「**저녁**」、どちらも同じ単語ですね。
つまり、「朝は？」「夕方は？」で「ご飯は食べた？」と質問できるということです。

きちんと言いたいときは「**아침밥**」で朝ごはん、「**저녁 식사**」で夕食となります。

昼食の『**점심**』は、漢字語で「点心」となります。そもそも点心とは、空腹時にとる軽食を指します。韓国が朝夕の１日２食が主流だった時代、お昼に点心（軽食）をとっていたことから、昼食を『**점심**』と言います。

——┤ 12節 ├——

韓国の文化

年齢に関わるマナーを知っておこう

韓国は、上下関係がしっかりしている文化だと言えます。1歳でも年上であれば敬語を使います。

そのため、初対面のときに年齢を聞かれるということはよくあります。敬語を使わなければいけないのか、タメロでもいいのかを確認するためです。明らかに年上であれば、敬語を使ってください。
同い年であっても親しくなるまでは敬語を使い、お互いの了承を得てからタメロを使うということもあるようです。

また家族間でも敬語を用い、祖父母・両親・兄姉にも敬語を用います。関係性にもよりますが、家の中ではタメロを使うという家もあります。
ただし、公共の場では敬語を使います。

お酒を飲む席でもマナーがあります。
目上の方の前では、基本的に飲みません。お酒を勧められたらいただきます。お酌をされたら両手で受け取ってください。飲むときは、顔を横に向け口元を手で隠して飲みます。また、注ぎ足しはせずグラスにお酒を注がれそうになったら、グラスに残っているお酒を飲みほしてください。
食事に関しても目上の方が箸をつけてからです。

韓国での食事のマナー
韓国で食事をする際は、ご飯（お米）や汁物をスプーンでいただきます。
お皿に盛ってある副菜は、お箸を使ってください。また、器（お椀）を持って食べてはいけません。
日本でも食事マナーがあるように、韓国にも食事マナーがあります。

韓国のカフェ

韓国のカフェ事情を知ろう

韓国は、カフェ大国です。コンビニよりもカフェが多いのではないかというくらい街中に点在しています。また、写真映えするオシャレなカフェも多く、「韓国のカフェに行きたい」という理由で旅行する方も多くいらっしゃいます。

韓国のカフェに行ったら使える単語をご紹介します。

飲料メニュー

コーヒー	커피	紅茶	홍차
ドリップコーヒー	드립커피	アールグレイ	얼 그레이
アメリカーノ	아메리카노	ダージリン	다즐링
エスプレッソ	에스프레소	アッサム	아쌈
カプチーノ	카푸치노	ミルクティー	밀크티
カフェラテ	카페라떼	フラペチーノ	프라푸치노
カフェモカ	카페모카	スムージー	스무디
ココア	코코아	ホットチョコレート	핫 초콜릿

サイズ

ショートサイズ	숏 사이즈	トールサイズ	톨 사이즈
小さいサイズ	작은 사이즈	大きいサイズ	큰 사이즈

ホット・アイス

ホット	핫	アイス	아이스
温かい	뜨거운~	冷たい	차가운~

韓国のカフェは、店内で飲食の場合マグカップで飲み物が提供されます。途中でお店を出る場合、店員さんに伝えて紙コップに入れ替えてもらいましょう。逆にテイクアウトで注文後、店内で飲みたくなってしまっても、店内で紙コップは使用できませんのでお店の外で飲んでくださいね。

—┤ 14節 ├—
指示代名詞（こ・そ・あ・ど）

指示代名詞とは

指示代名詞、冠形詞の「こそあど」言葉を学びましょう。
主語になる場合は、指示代名詞。体言や用言を修飾するときは冠形詞です。

◎この・その・あの・どの

	この	その	あの	どの
表記	**이**	**그**	**저**	**어느**
発音	i	keu	cheo	eo-neu

「この人」「そのペン」「あの信号」「どの鞄」など、名詞につけて使用できます。

「こそあど」言葉は、下記のように覚える方が多いです。

実際の『저』の発音は「チョ」ですが、濁る音にもなる文字なので「イクジョ～！」
と覚えるといいと思います。この3つプラス『어느』です。

◎これ・それ・あれ・どれ

	これ	それ	あれ	どれ
表記	**이것**	**그것**	**저것**	**어느 것**
発音	i-geot	keu-geot	cheo-geot	eo-neu geot

「これが」「それを」「あれと」「どれも」など、助詞をつけて使用できます。

『것』は、「こと」「もの」という意味です。

パッチムの『ㅅ』を省略して使用することもできます。

	これ	それ	あれ	どれ
表記	**이거**	**그거**	**저거**	**어느 거**
発音	i-geo	keu-geo	cheo-geo	eo-neu geo

＋助詞 活用①　これが・それが・あれが・どれが

助詞の「〜が」は『이』です。

	これが	それが	あれが	どれが
表記	**이것이**	**그것이**	**저것이**	**어느 것이**
発音	i-geo-si	keu-geo-si	cheo-geo-si	eo-neu geo-si
縮約	**이게**	**그게**	**저게**	**어느 게**

『것이』は縮約して『게』となります。

口語では、縮約形のほうをよく使用します。

＋助詞 活用②　これは・それは・あれは

助詞の「〜は」は『은』です。

	これは	それは	あれは
表記	**이것은**	**그것은**	**저것은**
発音	i-geo-seun	keu-geo-seun	cheo-geo-seun
縮約	**이건**	**그건**	**저건**

『것은』は縮約して『건』となります。

『게』同様、口語では縮約形のほうを使います。

◎こちら・そちら・あちら・どちら

	こちら	そちら	あちら	どちら
表記	**이쪽**	**그쪽**	**저쪽**	**어느 쪽**
発音	i-tchok	keu-tchok	cheo-tchok	eo-neu tchok

「こっち」「そっち」「あっち」「どっち」の意味でも使用可能です。

「こちらは」「そちらです」など助詞や、指定詞をつけて使用します。

◎ここ・そこ・あそこ・どこ

	ここ	そこ	あそこ	どこ
表記	**여기**	**거기**	**저기**	**어디**
発音	yeo-gi	keo-gi	cheo-gi	eo-di

「イクジョ〜」ではなく「ヨコチョー（横丁）」と覚えましょう。プラス『**어디**』です。
待ち合わせ場所で「ここ、ここ！」は『**여기、여기！**』となります。

◎こんな・そんな・あんな・どんな

	こんな	そんな	あんな	どんな
表記	**이런**	**그런**	**저런**	**어떤**
発音	i-reon	keu-reon	cheo-reon	eo-tteon

「こんなこと」「そんな話」「あんな人」「どんなタイプ」など、名詞をつけて使用します。

◎このように・そのように・あのように・どのように

	このように	そのように	あのように	どのように
表記	**이렇게**	**그렇게**	**저렇게**	**어떻게**
発音	i-reo-ke	keu-reo-ke	cheo-reo-ke	eo-tteo-ke

「こうやって」「そんなふうに」などと性質・様子を説明するときなどに用います。

◎こう・そう・ああ・どう

	こう	そう	ああ	どう
表記	**이래**	**그래**	**저래**	**어때**
発音	i-rae	keu-rae	cheo-rae	eo-ttae

「こうです」「そうですか？」な
ど語尾をつけて活用できます。

「こそあど」言葉は、文章を作
るうえで覚えておくと大変便
利です。ぜひ、ご活用ください。

六何原則（5W1H）

韓国語の六何原則とは

5W1Hは「何時（いつ）」「何処（どこ）で」「何人（なんぴと）が」「何を」「何故（なぜ）」「如何（いか）にして」と"何"が6つあることから『六何原則』とも言います。普段からよく使うので、韓国語の5W1Hも覚えて使用しましょう。

◎いつ

	表記	発音
何時（いつ）	**언제**	eon-je

活用例

いつも	**언제나**	いつまで	**언제까지**
いつ頃	**언제쯤**	いつまでも	**언제까지나**
いつから	**언제부터**	いつでも	**언제든지**

例文

「**내가 언제?**」（私がいつ？）
いつ私がそんなことをした？　そんなこと言った？　というときに使えます。

◎どこ

	表記	発音
何処（どこ）	**어디**	eo-di

活用例

どこで	**어디서**	どこから	**어디에서**
どこへ	**어디로**	どこまで	**어디까지**
どこに	**어디에**	どこでも	**어디든지**

例文

「**어디로 가요?**」（どこに行くのですか？）
行き先を聞くときに使えます。

◎誰

	表記	発音
何人（誰）	**누구**	nu-gu

活用例

誰が	**누가**	誰でも	**누구나**
誰も	**누구도**		**누구라도**
誰と	**누구랑**		**누구든지**

「誰でも」が3種類あります。ほぼ同じ意味ですが、少しだけニュアンスが違います。

누구나…誰もが「誰でも知ってるよ」

누구라도…誰にしても「誰でもいいから手伝って」

누구든지…誰も彼も「誰でも欠点がある」

「誰が」は「**누구가**」ではないので注意してください。

例文

「**누가 그래?**」（誰がそんなことを？）

そんなこと誰が言っているの？　誰がそんなことしたの？　というときに使えます。

◎何

	表記	発音
何	**무엇**	mu-eot
（**무엇** 略）	**뭐**	mwo

活用例

何を	**무엇을**	何が	**무엇이**
（**무엇을** 略）	**뭘**	何ひとつ	**무엇 하나**
何に	**무엇에**	何より	**무엇보다**

口語では、略した単語のほうを使います。

例文

「**뭐라고요?**」（何ですって？）

何でそんなこと言うのですか？　まさか、そんなことが！　というときに用います。

◎なぜ

	表記	発音
何故（なぜ）	**왜**	wae

活用例

なぜなら	왜냐면	どうしたの？	왜 이래?
	왜냐하면		왜 그래?

「なぜなら」「どうしたの？」は2種類ありますが、どちらも同じ意味です。

また、「どうしたの？」というフレーズには「왜 저래?」もありますが、使い方が異なります。例えば、喧嘩している様子を見て「どうした？　何があった？」と不快感を表して用います。

例文

「왜 그러세요?」（どうなさいましたか？）
とても丁寧な表現です。困っている方を見かけたら声をかけてみましょう。

◎どのようにして

	表記	発音
如何（いか）にして	**어떻게**	eo-tteo-ke

活用例

どうにかして	어떻게든	どうしよう	어떻게 하지
	어떻게든지	どうすれば	어떻게 하면

『어떻게든』は『어떻게든지』の縮約形です。同じ意味で、使い方も同じです。

例文

「어떻게든 해냈다」（どうにかしてやり遂げた）

5W1Hを覚えておくと、いろいろな疑問文が作れます。

┤ 16節 ┤

分かち書き

分かち書きを攻略する

日本語は、漢字や送り仮名があるので言葉をつなげて書いても文として成り立ちますが、韓国語はハングルのみなので、つなげて書くと文として成り立ちません。

韓国語は、分かち書きをして文を組み立てます。分かち書きとは、言葉と言葉の間にスペースを入れて区切ることです。

韓国語の分かち書きは、一応ルールはあるものの、分かち書きをしない人もいてさまざまです。

中には、分かち書きをしないと意味が変わってしまう言葉もあります。

（上手く） **（できない）**

잘 못하다 잘못하다

苦手だ・不得意だ　　　　　　　　　　　**間違う・誤る**

この２つの言葉は、スペースを入れるか入れないかで意味が変わってしまいます。『잘 못하다』のほうは２つの単語、『잘못하다』は１つの単語です。

発音はほぼ一緒ですが、『잘 못하다』のほうは、単語間を少し空けるよう意識して発音しましょう。

分かち書きが必ず必要なもの、許容されるものを確認していきましょう。

分かち書きのルール

①助詞

助詞は名詞にくっつけます。助詞の後はスペース。

나^{助詞}는 학생입니다 （私は学生です）

※上記「助詞」は「는」の上に付く注記

②補助用言

単語を補助する用言を入れるとき、前にスペース。

먹어 보다^{補助用言} （食べてみる）

※くっつけて書いても許容されます。

③依存名詞

依存名詞とは、単独では用いられず他の単語の後ろについて名詞的な機能をする単語のことです。

・単位依存名詞（助数詞）…数字と単位を表す助数詞の間にスペース。

다섯^{数字} 개^{単位} （5個）

『이십 분／이십분（20分）』など数量を表す単語以外は、スペースを入れなくても許容されます。

また、順序を表す場合や、アラビア数字＋助数詞の場合も許容されます。『이학년（2年生）』『20분（20分）』など。

・形式依存名詞…수や적などを入れる前にスペース。

「～こと」や「～もの」という依存名詞の前は、必ずスペースを入れます。

할 수^{依存名詞} 있다 （することができる）　　만난 적^{依存名詞} （会ったこと）

100

④数詞（万単位）
大きい数字を表すときは、万単位でスペースを入れます。

5억 9876만 1234 （5億9876万1234）

⑤複合語（派生語はスペース不要／合成語はスペース必要）
派生語は、接頭辞や接尾辞がついて構成された言葉です。合成語は、名詞と名詞で構成された言葉です。
合成語は、すべてくっつけて書くというわけではなく、単語によって異なります。

派生語 **높이** （高さ）… 높다＋이 がくっついてできた単語

合成語 **인종 차별** （人種差別）

基本はスペースを入れますが、入れなくても通じるためくっつけて書く人もいます。

⑥役職
姓と名はくっつけますが、呼称語や役職名をつけるときはスペースを入れます。

홍길동 씨 （ホン・ギルトンさん）　　**박 부장님** （パク部長）

ただし、姓と名が2文字など氏名の境界が分かりづらい場合はスペースを入れます。

⑦固有名詞・専門用語
くっつけて書くこともありますが、単語と単語の間はスペースを入れます。

서울 대학교　　십이지장 궤양
（ソウル大学）　　　　（十二指腸潰瘍）

分かち書きが原則ですが、1つの言葉として認識しやすいよう、あえてくっつけて書くこともあります。基本、ソウル大学は「**서울 대학교**」とくっつけて表記されています。

分かち書きのルールは多いので覚えるのが大変ですね。
読みやすく理解しやすいように書くということが一番大切なルールです。

応答（はい・いいえ）

韓国語で「はい」「いいえ」とは

韓国語の「はい」「いいえ」を覚えましょう。丁寧な言い方から、軽い言い方までご紹介します。

◎はい

네 [ne] **話し手の発言に肯定の返事をするときに用います。**

「ネ」より「ネェ」と少し伸ばして言います。
人によっては、「デ」に近い「ネ"ー」という発音をします。

예 [ye] **丁寧な「はい」という返事です。**

上司や先生など目上の人に使います。親しい目上の方には「네」でかまいません。

어 [eo] **日本語の「うん」にあたります。**

友達や目下の相手に、肯定の返事で頷（うなず）くときに用います。『응』も使われます。

◎いいえ

아니요 [a-ni-yo] **話し手の発言に否定の返事をするときに用います。**

아뇨 [a-nyo] **「아니요」を縮約した形です。**

아니 [a-ni] **タメ口にあたります。友達や目下の人に使います。**
「いいえ」ではなく、否定の「いや」に近いです。

◎NO

外来語の「NO」もよく使われます。

노 [no] **SNSでは[ㄴㄴ]で「NO! NO!」と否定を表現できます。**

Chapter ❹

韓 国 語 の 文 法

ここからは実際に文を作っていくときに必要な文法の紹介です。
文の構造を知って書き方を理解できたら、単語帳を片手に
実際に自分が書きたい文を書いてみてください。
その繰り返しで自ずと「韓国語力」がついてきますよ。

韓国語の文のしくみ

韓国語の文のしくみを知ろう

韓国語の特徴は、日本語の文法とよく似ていることです。語順がほぼ同じなので、単語と語尾の活用を覚えれば韓国語の文章を読むことも、書くことも難しくありません。

韓国語は日本語と同じく、主語・目的語（補語）・述語の並び順で構成されています。一部語順が異なる場合もありますが、ほとんどの場合、日本語の文の組み立て通りでかまいません。

短い文であれば、体言・用言・助詞をマスターすれば簡単に文を組み立てることが可能です。

また、漢字に由来した漢字語が多く存在し、発音が似ているものも多いため、全体の文章を理解しやすいです。

日本語同様、敬語とタメ口があるのも特徴の1つで、語尾の変化もわかりやすく、さまざまな生活シーンで幅広く活用できます。

文の種類について

韓国語の文の種類は5つです。語尾の活用によって分けられます。

①平叙文…ものごとの叙述に用いる
②疑問文…疑問を表すほか、要求・懇願・勧誘の意味を含む場合もある
③勧誘文…勧めて誘いをかける
④命令文…命令・指示・要求・依頼・禁止を行う
⑤感嘆文…感情表現に用いる

語尾の活用方法を理解すれば、文の区別ができるようになります。

また、それぞれの文は尊敬・過去・意志推量・否定と組み合わせることができます。

待遇法
待遇法とは、話し手と聞き手の社会的な関係性や心理的距離によって、話し手が聞き手に対して言葉づかいの丁寧さを使い分けることを言います。

日本語で言うと「丁寧・ぞんざい」にあたります。

この待遇法は、6種類あります。

丁寧	上称	합니다体
↑	略待上称	해요体
	中称	하오体
	等称	하네体
↓	下称	한다体
ぞんざい	略待（パンマル）	해体

私たち外国人が使用する言葉づかいは4種類（上称・略待上称・下称・略待）で、他の2種類（中称・等称）は韓国でもあまり使われなくなってきています。

文の種類と待遇法を理解し、韓国語を身につけましょう。

上称形

上称形のハムニダ体は、上司や目上の方に対して使うとても丁寧な言葉づかいです。かしこまった場面で用いる、堅苦しい公式的な言い方です。

日本語の「です・ます」にあたりますが、「ございます」や「なさいます」というような言葉づかいが近いです。

礼儀正しく丁寧な印象を与えますが、少し他人行儀に聞こえてしまうこともあります。『합쇼体』とも言われます。

平叙文	疑問文	勧誘文	命令文	感嘆文
합니다	합니까?	하십시다	하십시오	합니다

※勧誘文にする際『합시다』という語尾の活用があります。日本語訳にすると「～しましょう」となりますが、韓国では目上の方には失礼にあたります。

例)『사랑하다 (愛する)』という単語を例に、上称形から略待(パンマル)までの活用をご紹介します。

ハムニダ体 　　사랑합니다 (愛しています)

下称形

下称形のハンダ体は、対等または目下の人に対して用いる言葉づかいです。口語・文語どちらでも活用でき、「～だ」「～である」といった口調です。

ハンダ体は、間接話法のベースになる表現方法です。文章によってはかたい印象もあります。『해라体』とも言われます。

平叙文	疑問文	勧誘文	命令文	感嘆文
한다	하니?	하자	해라	하는구나

ハンダ体 　　사랑한다 (愛してるよ)

略待上称形

略待上称形のヘヨ体は、日本語の「です・ます」にあたります。丁寧な言葉づかいではありますが、上称形ほど堅苦しくなく、フランクな丁寧語と位置づけてください。

口語で用います。文語では用いません。

平叙文	疑問文	勧誘文	命令文	感嘆文
해요	해요?	해요	해요	해요/하네요

5つの文の種類はすべて「해요」で対応でき、疑問文であれば語尾をしり上がりに発音したり、命令文であれば強い口調にして使用します。

ヘヨ体　**사랑해요** (愛しています)

略待（パンマル）

略待のヘ体は、対等または目下の人に対して用います。日本語のタメ口にあたります。丁寧さはまったくなく、親しい間柄でしか使われません。

また、同い年であっても相手に失礼がないように、「パンマルにしてもいいですか？」と了承を得てから用いるほうが無難です。

口語で用います。文語では用いません。

平叙文	疑問文	勧誘文	命令文	感嘆文
해/하지	해?/하지?	해/하지	해/하지	해/하네

ヘヨ体と同じくすべて「해」で対応でき、文の種類によって発音に変化を加えます。

ヘ体　**사랑해** (愛してる)

韓国語の助詞

韓国語の助詞を覚えよう

「私は」「友達が」「母と」など、助詞を覚えて文の主語を作ってみましょう。
日本語同様、名詞のすぐ後につきます。

韓国語の助詞の特徴は、主語になる名詞にパッチムがあるかないかで、後にくる助詞の文字が異なることです。ただし、パッチムの有無に関係なくつけられる助詞もあります。

また、口語と文語で異なる文字がつく助詞もあります。
では、1つずつ確認していきましょう。

◎〜が

	表記	発音
パッチムあり	이	i
パッチムなし	가	ga

パッチムがある場合、連音化して発音します。
文によっては「〜は」「〜では」「〜に」という訳にもなります。

活用例

先生が
선생님이 （先生が）

お母さんが
엄마가 （お母さんが）

◎〜は

	表記	発音
パッチムあり	은	eun
パッチムなし	는	neun

「〜が」同様、パッチムがある場合は連音化します。

活用例

家族は
가족은 （家族は）

友達は
친구는 （友達は）

◎～を

	表記	発音
パッチムあり	을	eul
パッチムなし	를	reul

パッチムありは連音化します。
「을 / 를」は日本語の「～を」で訳す
と文章がおかしくなるときがあり

活用例

책을 (本を)

자전거를 (自転車を)

ます。動作の目的を表す助詞のため、文によっては「～に」や「～が」という訳
になるときもあります。
「ご飯を食べる」「友達に会う」「猫が好き」の助詞はすべて「을 / 를」になります。

◎～の

	表記	発音
パッチム有無 関係なし	의	e(ui)

実際の発音は[ui]ですが、ほぼ
[e]に近い音で発音します。
パッチムありは、連音化します。

活用例

오늘의 (今日の)

버스의 (バスの)

また、口語では「의」は省略されることが多いです。文語では省略しません。

(猫の餌) 고양이 먹이 (◎)

고양이의 먹이 (◎)

どちらも意味は同じです。

◎〜に

韓国語の「〜に」という助詞は、いくつかの種類があります。

使い分けを確認していきましょう。

	表記	発音	使い分け
文語・口語	에	e	物や場所、時間を指すとき
文語・口語	으로／로	(eu-)ro	方向・場所を指す、選択をするとき
文語・口語	에게	e-ge	人や動物など生き物に対して
口語	한테	han-te	人や動物など生き物に対して
口語	보고	po-go	影響を受ける対象の人に対して
口語	께	kke	尊敬する人に対して

◆**物・時間の名詞＋「に」**

物や時間の名詞につく助詞は「에」しかありません。

「鍋に水を入れる」「10時に起きた」など。

時間的位置を指すときには、「〜に」をつけましょう。

例えば、日本語で「先週、行われたイベント」と言うとき、『저번 주에 있었던 이벤트』となります。直訳すると「先週にあったイベント」ですね。

去年：**작년**	先週：**저번 주**	以前：**이전**
今年：**금년**	今週：**이번 주**	今回：**이번**
来年：**내년**	来週：**다음 주**	今度：**다음**

「去年、行った祭り」とか「今度、やろう」というような文では、「에」が必要です。

◆**場所の名詞＋「に」**

場所を表す場合は「에」「으로／로」があります。

特定の場所かそうではないかということです。

例えば「ソウル駅に行きます」と「ソウルに行きます」では助詞が異なります。

ソウル駅と場所がはっきり分かる場合は「에」、ソウル市の方向に向かうというときは「으로／로」を用います。

ただし「ソウルに行きます」の場合、「에」を使用しても問題はありません。逆に

「ソウル駅に行きます」で「으로／로」を使うのは、少し不自然です。使うとしたら、ソウル駅に用があるわけではなくソウル駅の方向に行くというニュアンスになります。

「どこに行くのですか?」は、どちらでも可です。

어디에 가요?　어디로 가요?

「으로／로」の注意ポイント
・名詞にパッチムがある場合は「으로」
・パッチムがない場合／ㄹパッチムのときは「로」
※「으로／로」は、他に「〜で」「〜として」という使い方もします。

◆指示代名詞＋「に」
何かを選択するときに用いる「〜に」は「으로／로」です。
「どれにする?」「それにしよう!」「これがいい」などです。

◆人や動物の名詞＋「に」
「에게」も「한테」も口語で用いますが、「에게」は文語での使用が多いです。
「友達に手紙を書いた」「犬に餌をあげる」など、どちらの助詞を使用してもいいです。

◆対象の人物の名詞＋「に」
「보고」は「에게」「한테」と使い方はほぼ一緒です。「〜に向かって」というニュアンスが強いです。「私に言っているの?」「友達に直接言いました」など。

尊敬する人の名詞には「께」をつけるといいです。「先生に連絡します」や「部長に書類を提出した」という文で使用できます。
この「께」は、次のように、他の助詞でも使用されます。

〜に	〜が	〜は	〜にも
께	께서	께서는	께도

◎～と

		表記	発音
文語	パッチムあり	과	kwa
	パッチムなし	와	wa
口語		하고	ha-go
口語	パッチムあり	이랑	i-rang
	パッチムなし	랑	rang

◆文語「과」「와」

小説や歌詞などで用いられます。口語ではほぼ用いません。
ときに格式高い公の場で用いられることもあります。

活用例　韓国と日本　　　男と女

한국과 일본　남자와 여자
（韓国と日本）　　　　　　**（男と女）**

◆口語「하고」

パッチムの有無は関係ありません。事物や人を列挙するときに用いられるため
「～と～と～と」というように、永遠に単語を並べることができます。

活用例　春と　　夏と　　冬は　嫌いだ

봄하고 여름하고 겨울은 싫다
（春と夏と冬は嫌いだ）

※「하고」は、助詞以外でも用いる単語でもあります。하다用言の後に고が頭
につく連結語尾を用いるときなどです。

◆口語「이랑/랑」

特に若い方が使用します。カフェでの注文時や、「友達と」「誰と？」などと用い
ることができます。

活用例　先輩たちと　　　　　誰と

선배들이랑　누구랑?
（先輩たちと）　　　**（誰と？）**

◎～で

表記	発音	使い分け
으로／로	(eu-)ro	手段や材料で
에서	e-seo	場所で
기 때문에	ki ttae-mu-ne	原因で
라서	ra-seo	理由で
이면／면	(i-)myeon	時間・期間で
만에	ma-ne	
이서／서	(i-)seo	人数で
고	ko	羅列「～で」

「～で」は、助詞の他に連結語尾も含みます。文語・口語の使い分けはありません。

◆**手段や材料「으로／로」**
「車で向かいます」「フライパンで焼きます」「チョコレートで作りたい」というような文で用います。

◉ **注意ポイント** ◉

パッチムありは「으로」、パッチムなし／ㄹパッチムは「로」。
※「으로／로」は、他に「～に」「～へ」「～として」という使い方もします。

活用例

이 펜으로 (このペンで)　　비행기로 (飛行機で)

◆**場所「에서」**
「公園で遊びました」「家で寝ていた」「次の駅で降りる」というような特定の場所を指すときに用います。

活用例

도서관에서 (図書館で)

◉ **注意ポイント** ◉

「에서」は、他に「～から」という使い方もします。

◆原因「기 때문에」

「～のせいで」という原因があるときに用います。例えば、「風邪で休みました」「寝不足で」というときです。

名詞以外に形容詞、動詞の後につけることもでき、「寒いので」「見るので」という使い方もできます。

◀◎ 注意ポイント ◎▶

名詞と用言では少し形が変わります。

・形容詞・動詞の語幹に「기 때문에」

・名詞のあとは「때문에」がつきます(主語と述語が同じ数の場合)

※主語が2つある場合、述語を2つにするために「名詞(이)기 때문에」にします。

活用例　お腹　が　痛　い　　　の　で
배가 아프기 때문에 (お腹が痛いので)

風　邪　　で　　　休みました
감기 때문에 쉬었어요 (風邪で休みました)

◆理由「라서」

「기 때문에」とほぼ同様の使い方をします。「もう夜なので、明日にします」「休みなので、旅行に行きます」など。指定詞の語幹につきます。

活用例　も　う　夜　な　の　で
이제 밤이라서 (もう夜なので)

ま　だ　朝　では　な　い　の　で
아직 아침이 아니라서 (まだ朝ではないので)

◆時間・期間「이 면／면」「만에」

「5分で到着します」「30分で完成します」や「1カ月で覚えた」など、時間・期間を説明するときに用います。

「이 면／면」「만에」のどちらを使ってもかまいませんが、「이 면／면」はパッ

チムの有無が関係します。パッチムがあるときは「이면」、ないときは「면」を
用います。

活用例　5　分　で　到　着　し　ま　す

5분이면 도착합니다 （5分で到着します）

1　カ月　で　覚　え　ま　し　た

한 달만에 외웠어요 （1カ月で覚えました）

◆人数「이서／서」

「1人で」「2人で」と人数の後につきます。パッチムがあるときは「이서」、ない
ときは「서」を用います。

活用例　1　人　で　　　　　　2（2人）で

혼자서 （1人で）　　둘이서 （2人で）

※1人以外は、固有数詞につけます。2人は、固有数詞の"2"につけます。
また、「みんなで」というときは「다 같이」という表現になります。「다」は"す
べて"、「같이」は"一緒に"という意味で、「みんな」と訳します。

◆羅列「고」

「きれいで、オシャレで……」という文を作るときなどに用います。用言の語幹に
つけます。助詞は「〜で」だけではありません。他にも「寒いし、眠いし」「辛くて、
熱くて」というようなときにも使います。

活用例

きれい　で　オシャレ　で　いい　　人　で　す

예쁘고 멋스럽고 좋은 사람이에요
（きれいで、オシャレで、いい人です）

日本語は「〜で」が多く、韓国語の助詞だけでは追いつきません。
連結語尾も活用して、文を組み立てましょう。

◎〜も

		表記	発音
添加		**도**	to
数量	パッチムあり	**이나**	i-na
	パッチムなし	**나**	na

◆羅列・付け加え「도」

「時間もお金もかかる」といった２つ以上の対象や事態を羅列するときや、付け加えで「人参も買う？」と言うときに用います。

パッチムの有無は関係ありません。

活用例

（父も母も）

◆数量「이나／나」

「３人もいる」「10冊も必要なの？」という文で用います。

助数詞にパッチムがあれば「**이나**」、パッチムがなければ「**나**」をつけます。

活用例

일 엔이나

（1円も）

（3つも）

この「**도**」「**이나／나**」は、「〜でも」という訳にもなります。「仕事でもするか」とか、「豚肉でもいい？」など。「〜でも」で使う場合は、特に使い分けはありません。

◎〜から〜まで

		表記	発音
〜から	場所	**에서**	e-seo
	時間	**부터**	pu-teo
	出発点	**으로부터／로부터**	(eu-)ro-bu-teo
〜まで		**까지**	kka-ji

◆場所

「渋谷から池袋まで」「仁川からソウルまで」というような文のときに用います。

活用例　　釜　山　か　ら　　慶　州　ま　で
부산에서 경주까지
（釜山から慶州まで）

◆時間

「9時から11時まで」「昨日から今日まで」というような文のときに用います。

活用例　　昨　日　か　ら　　明　日　ま　で
어제부터 내일까지
（昨日から明日まで）

◆出発点

「友達から」「あれから」「昔から」というような、出発点を指すときに用います。
パッチムありの場合は「**으로부터**」、なしの場合は「**로부터**」を用います。

活用例　　社　長　か　　ら
사장님으로부터 **（社長から）**

友　達　か　ら
친구로부터 **（友達から）**

「〜まで」はすべて『**까지**』を用います。

指定詞の平叙文「です」

「です」を韓国語にする

指定詞を活用して、文を組み立ててみましょう。
「これは、ペンです」や「私は、会社員です」という文が作れます。

体言の後に「이다」をつけて「～だ」「～である」と文の述語を形成します。
体言にパッチムがあれば「이다」、ない場合は「다」をつけます。

辞書には、原形の「이다」という形で紹介されています。

(私は 学生 だ)

나는 학생이다
i-da

		表記	発音
丁寧 ↑ ↓ ぞんざい		입니다	im-ni-da
	パッチムあり	이에요	i-e-yo
	パッチムなし	예요	ye-yo
	パッチムあり	이야	i-ya
	パッチムなし	야	ya

◎입니다
とても丁寧な語尾となります。日本語の「～です」にあたります。
公的な席、かしこまった場面、初対面の方や敬意を払うべき相手に用いられます。
パッチムの有無に関係なく用います。

活用例

日　本　人　で　す
일본 사람입니다
(日本人です)

韓　国　語　で　す
한국어입니다
(韓国語です)

◎이에요／예요

日本語の「〜です」にあたりますが、「**입니다**」よりやわらかい表現です。家族や先輩など近しい間柄で使用する丁寧語です。

パッチムの有無で語形が異なります。パッチムがある場合は、連音化してください。

活用例

会社員です
회사원이에요 （会社員です）

妹　の　友達です
여동생의 친구예요 （妹の友達です）

◎이야／야

日本語のタメロで、「〜だ」「〜だよ」にあたります。友達や目下の人に用います。こちらもパッチムの有無で語形が異なります。

活用例

本当だよ
정말이야 （本当だよ）　　マジだよ
진짜야 （マジだよ）

パッチムがない場合につける「**예요**」「**야**」は、「**이에요**」「**이야**」が縮約された形です。どちらを使っても間違いではないのですが、口語ではパッチムがない体言には「**예요**」「**야**」が用いられています。

指定詞の過去形「でした」

「でした」を韓国語にする

指定詞「이다」を過去形にしてみましょう。
「いい天気でした」「美術の先生でした」という文が作れます。

過去形にするには、まず連用形を理解しなければなりません。
指定詞の語尾の活用は「이다」の「다」を取ります。
そして、語幹の母音を見て「아／어」をつけます。
陽母音は「아」、陽母音以外は「어」→「이다」の語幹の母音が「ㅣ」で中性母音のため「어」がつきます。

$$이다 - 다 + 어 = 이어$$

これで、連用形ができました。
ここから、過去形を作っていきましょう！

過去形には子音の『ㅆ』をつけなければいけません。

$$이어 + ㅆ + 다 = \boxed{이었다}$$

이다の連用形 　　過去形　　原形の語尾　　i-eot-tta

指定詞「이다」の過去形は「이었다」になります。
過去形も体言のパッチムの有無で語形が異なります。

(牛乳 だった)
우유 \boxed{였다}

(お酒 だった)
술 \boxed{이었다}

パッチムがないときにつける「였다」は、「이었다」の縮約形です。パッチムありは必ず「이었다」ですが、パッチムなしは、どちらを使っても間違いではありません。

	パッチムあり		パッチムなし	
	表記	発音	表記	発音
丁寧	이었습니다	i-eot-sseum-ni-da	였습니다	yeot-sseum-ni-da
↕	이었어요	i-eo-sseo-yo	였어요	yeo-sseo-yo
ぞんざい	이었어	i-eo-sseo	였어	yeo-sseo

◎이었습니다／였습니다

「입니다」の過去形はパッチムの有無で語形が異なります。日本語の「〜でした」にあたります。丁寧な語尾なので、文によっては「〜でございました」という訳にもなります。

活用例

멋진 강연이었습니다
（素晴らしい講演でした）

첫 무대였습니다 （初舞台でした）

◎이었어요／였어요

日本語の「〜でした」にあたりますが、やわらかい表現の丁寧語です。

活用例

어려운 설명이었어요 （難しい説明でした）

비싼 피아노였어요 （高価なピアノでした）

◎이었어／였어

日本語のタメロで「〜だったよ」にあたります。友達、親しい間柄で用います。

活用例

초콜릿이었어 （チョコレートだったよ）

코코아였어 （ココアだったよ）

指定詞の疑問文「ですか？」

「ですか?」を韓国語にする

指定詞の疑問文を学びましょう。「〜ですか？」や「〜でしたか？」という語尾にできます。

疑問文

		表記	発音
丁寧 ↑ ↓ ぞんざい		**입니까?**	im-ni-kka
	パッチムあり	**이에요?**	i-e-yo
	パッチムなし	**예요?**	ye-yo
	パッチムあり	**이야?**	i-ya
	パッチムなし	**야?**	ya

疑問文にするのはとても簡単です。
「**입니다**」が「**입니까?**」になります。その他、「**이에요／예요**」「**이야／야**」
は聞き手に質問するようにしり上がりに発音してください。

◎助詞の使い方に注意！
日本語で「名前は何ですか？」「家はどこですか？」の助詞は「は」ですよね。
日本語の助詞「は」は、韓国語で『**은／는**』にあたります。ですが疑問文を作る
ときは違う助詞になります。

名前は何ですか？
家はどこですか？

이름이 무엇입니까?
집이 어디예요?

疑問詞がある場合、日本語の「が」にあたる助詞『**이／가**』を使うのが一般的です。
直訳すると「名前が何ですか？」「家がどこですか？」となります。

ちなみに『은／는』を使っても問題はないのですが、ニュアンスが異なります。名前忘れちゃったな〜、とりあえず聞いとくかという感じで、「(ところで)名前は何ですか?」だったり、「(他の話はいいから)家はどこなの?」となります。疑問文の助詞は十分気をつけてください。

活用例

얼마입니까?
<small>いくら です か</small>

(いくらですか)

몇 살이에요?
<small>何 歳 です か</small>

(何歳ですか?)

이거 내꺼야?
<small>こ れ 私 の</small>

(これ、私の(物)?)

◎過去形の疑問文

過去形の疑問文も簡単です。

	パッチムあり		パッチムなし	
	表記	発音	表記	発音
丁寧 ↕ ぞんざい	이었습니까?	i-eot-sseum-ni-kka	였습니까?	yeot-sseum-ni-kka
	이었어요?	i-eo-sseo-yo	였어요?	yeo-sseo-yo
	이었어?	i-eo-sseo	였어?	yeo-sseo

「이었습니다／였습니다」が「이었습니까?／였습니까?」になります。その他、「이었어요／였어요」「이었어／였어」も語尾に「?」をつけ、聞き手に質問するようにしり上がりに発音してください。

活用例

꿈이 뭐였습니까?
<small>夢 は 何 で し た か</small>

(夢は何でしたか?)

생일이었어요?
<small>誕 生 日 だったのですか</small>

(誕生日だったのですか?)

그게 언제였어?
<small>それは い つ だったの</small>

(それは、いつだったの?)

※「それは」は韓国語では「그 건」ですが、疑問文なので「그 게」となります。「그 건」でもよいのですが、「그 게」のほうが自然です。

指定詞の否定形「ではありません」

「ではありません」を韓国語にする

物事を否定する文を作りましょう。

否定の指定詞は『아니다』です。「이다」は体言の後につきますが、『아니다』は助詞が必要になります。

(韓国人 では ない)

한국인 이 아니다
a-ni-da

	訳	助詞	指定詞	発音
丁寧	ではありません		아닙니다	a-nim-ni-da
↕	ではないです	이/가	아니에요	a-ni-e-yo
ぞんざい	ではないよ		아니야	a-ni-ya

体言にパッチムがあれば助詞は「이」、パッチムがなければ「가」がつきます。

助詞『이／가』は、ここでは「～では」という訳になります。

「이」がつく場合は、連音化しますので発音に注意してください。

活用例

先生 では ありません

선생님이 아닙니다
(先生ではありません)

◎否定の過去形

指定詞『아니다』を過去形にしてみましょう。

「りんごではなかった」「ボールペンではなかったです」という文が作れます。

아니다 - 다 + 어 = 아니어
아니다の連用形

아니어 + ㅆ + 다 = 아니었다
過去形　原形の語尾　　a-ni-eot-tta

過去形は『**아니다**』を連用形にし、子音の「**ㅆ**」をつけ「**아니었다**」となります。

訳	助詞	指定詞	発音
ではありませんでした		**아니었습니다**	a-ni-eot-sseum-ni-da
ではなかったです	**이/가**	**아니었어요**	a-ni-eo-sseo-yo
ではなかったよ		**아니었어**	a-ni-eo-sseo

活用例

荷物では　ありませんでした
짐이 아니었습니다 (荷物ではありませんでした)

コーヒーでは　な　か　っ　た　で　す
커피가 아니었어요 (コーヒーではなかったです)

◎否定の疑問形

「これは、ペンではありませんか？」「休暇ではなかったのですか？」という文が作れます。

訳	助詞	指定詞	発音
ではありませんか？	**이/가**	**아닙니까？**	a-nim-ni-kka
ではありませんでしたか？		**아니었습니까？**	a-ni-eot-sseum-ni-kka

「**이다**」同様、「**아니에요／아니야**」の過去形の「**아니었어요／아니었어**」は、「？」をつけ、聞き手に質問するようにしり上がりに発音してください。

活用例

ペン　では　ありませんか
펜이 아닙니까? (ペンではありませんか？)

日 本 製 では　な　かったのですか
일제가 아니었어요? (日本製ではなかったのですか？)

体言と指定詞の語尾の活用を用いて、いろいろな文を作成してみましょう。

3語で文を作ってみよう

3語で文を作る

文は［主語＋目的語（補語）＋述語］の3語で作れます。
名詞・助詞・指定詞を使って自己紹介をしてみましょう。

（1）私は～です。

（私は会社員です。）

저는 회사원입니다.
　名詞　助詞　　　　　名詞　　　　　　指定詞

自身の職業を紹介するときに「**회사원**（会社員）」以外でも文を作ってみましょう。
「**학생**（学生）」「**주부**（主婦）」「**공무원**（公務員）」など。

また、名前や年齢を言うときにも使えます。

文の最後には「**.**」ピリオドが必要です。日本語の句点「。」にあたります。

（2）これは～でした。

（これは抹茶味でした。）

이것은 말차 맛이었습나다.
　指示代名詞　　助詞　　　　名詞　　　　　　　指定詞

指示代名詞を使って「これは」「それは」「あれは」と何かを説明したり、「兄は画家でした」などと以前の職業を伝えるときにも使用できますね。

「このペンは赤色でした」など、冠形詞＋名詞＋助詞＋名詞＋指定詞でも文を作ってみてください。

（3）〜さんですか？

（ゆみさんですか？）

유미 씨예요?

人名＋さん 　　　指定詞

人名や年齢を聞くときに使えます。
ちなみに名前に「さん」をつけて書くときは、名前との間にスペースが必要です。

他人の家族に質問するときは「**이에요／예요**」の尊敬表現を使用しましょう。
例えば「お父様ですか？」と聞きたいときは『**아버님이세요?**』となります。
パッチムがあるときは「**이세요?**」、ないときは「**세요?**」を名詞の後につけます。

これは、疑問形以外でも利用できます。「こちらは先生です」と言うときなど。

◎尊敬の表現

	表記	発音	訳
より丁寧 ↕ 丁寧	**이십니다／십니다**	(i-) sim-ni-da	でいらっしゃいます
	이세요／세요	(i-) se-yo	
	이에요／예요	i-e-yo／ye-yo	です

指定詞の語形変化が理解できれば「〜です」「〜でした」「〜ですか？」「〜ではありません」と語尾の活用ができるようになります。

「趣味は読書です」や「血液型はＡ型です」など自己紹介文を作ってみてください。

存在詞「ある・いる」

「あります」「います」を韓国語にする

存在詞を使用して、文章を組み立ててみましょう。

日本語は、物に対して「ある・ない」、人や動物に対しては「いる・いない」と言いますが、韓国語は【있다：ある/いる】【없다：ない/いない】で表します。

まずは「있다」から使用方法をご紹介します。
「ペンがあります」「友達がいます」というような文が作れます。

（りんごが　 ある）
（女性が　　　　　　いる）
it-tta

物が存在しているというときの動詞活用や、「実力がある」「能力がある」というような形容詞活用もできます。

	表記	発音
ハムニダ体	있습니다	it-sseum-ni-da
ヘヨ体	있어요	i-sseo-yo
ヘ体	있어	i-sseo

◎있습니다
用言を「〜です・ます」調のハムニダ体にする場合は、「다」を取り、語幹に「습니다」をつけます。

「있습니다」は丁寧な語尾で日本語の「〜あります」「〜います」にあたります。
文によっては「〜おります」とも訳せます。
目上の方や初対面の方には、この「있습니다」を使用するといいと思います。

「～があります」や「～がいます」と助詞をつけるときは、主語になる体言にパッチムがあるかないかで助詞「이／가」をつけてください。

活用例

펜이 있습니다 (ペンがあります)

친구가 있습니다 (友達がいます)

◎ 있어요

「있다」をヘヨ体で使用するときは「다」を取り、語幹の母音を見て「아／어」をつけます。語幹の母音が「ㅣ」で中性母音のため「어」がつきます。

있다 - 다 + 어

$$있어 + [요] = 있어요$$

있 다の連用形　　　丁寧語語尾　　　i-sseo-yo

こちらも丁寧な語尾で日本語の「～あります」「～います」にあたります。「있습니다」ほどかたい印象はなく、フランクな丁寧語です。先輩や家族間で用いるといいです。

活用例

할 마음이 있어요
(やる気があります)

여기 수첩이 있어요
(ここに手帳があります)

◎ 있어

ヘ体は、友達や目下に使うタメロです。「あるよ」「いるよ」という訳になります。つまり「요」がついていると丁寧語、ないとタメロになるということです。

活用例

바나나가 있어 (バナナがあるよ)

3 명이나 있어 (3名もいるよ)

過去形「ありました」「いました」

存在詞「있다」を過去形にしてみましょう。

「チケットがあった」「先生がいた」という文が作れます。

過去形は「있다」の連用形に子音の『ㅆ』をつけるだけです。

$$있어 + ㅆ + 다 = \boxed{있었다}$$

있다の連用形　　　過去形　　　原形の語尾　　　i-sseot-tta

存在詞「있다」の過去形は「있었다」になります。

	表記	発音
ハムニダ体	있었습니다	i-sseot-sseum-ni-da
ヘヨ体	있었어요	i-sseo-sseo-yo
ヘ体	있었어	i-sseo-sseo

◎있었습니다

「있었다」の「다」を取り、語幹に「습니다」をつけて「～ありました」「～いました」という語尾にします。丁寧な語尾で、目上の人や初対面の方に用います。

活用例　　여기 있었습니다 （ここにありました）

◎있었어요

「있었습니다」よりくだけた印象の丁寧語で、先輩や身近な目上の方に使うといいです。

活用例　　5 개나 있었어요 （5個もありました）

◎있었어

友達や目下の人に使うタメロです。「～あった」「～いたよ」と訳します。

活用例　　선배도 있었어 （先輩もいたよ）

疑問文「ありますか?」「いますか?」

存在詞の疑問文を作ってみましょう。「どこにあるの?」「今日もいましたか?」というような文を作ることができます。

存在詞の現在形「있다」、過去形「있었다」を疑問文にします。

	現在形		過去形	
	表記	発音	表記	発音
ハムニダ体	있습니까?	it-sseum-ni-kka	있었습니까?	i-sseot-sseum-ni-kka
ヘヨ体	있어요?	i-sseo-yo	있었어요?	i-sseo-sseo-yo
ヘ体	있어?	i-sseo	있었어?	i-sseo-sseo

ハムニダ形は現在形・過去形の語尾「다」を「까」に変えます。そして語尾をしり上がりに発音します。ヘヨ体、ヘ体は語形変化はありません。ハムニダ体同様、語尾をしり上がりに発音してください。

活用例

약속이 있습니까?
(約束はありますか?)

시간이 있어요?
(時間はありますか?)

어디에 있었어?
(どこにいたの?)

疑問文の助詞に注意が必要です。「約束はありますか?」の助詞「～は」は、「은」ではなく「이」を用いています。「은」でも同じ意味にはなりますが、韓国語の疑問文の助詞は「이／가」を用いるのが一般的です。
また、「約束がありますか?」と訳しても問題ありません。

「어디에 있었어?」は、状況に応じて「どこにあったの?」と訳すこともできます。

存在詞「ない・いない」

「ありません」「いません」を韓国語にする

存在詞の否定形は「**없다**」で「ない」「いない」を表します。「ノートがないです」「恋人はいません」というような文が作れます。

（ノートが **없다** ない）
（猫が **없다** いない）
eop-tta

物、人が存在していない「牛乳がない」「誰もいない」という形容詞活用です。

	表記	発音
ハムニダ体	**없습니다**	eop-sseum-ni-da
ヘヨ体	**없어요**	eop-sseo-yo
ヘ体	**없어**	eop-sseo

◎없습니다
用言を「〜です・ます」調のハムニダ体にする場合は、「**다**」を取り、語幹に「**습니다**」をつけます。

「**없습니다**」は丁寧な語尾で日本語の「〜ありません」「〜いません」にあたります。文によっては「〜おりません」とも訳せます。
目上の方や初対面の方には、この「**없습니다**」を使用しましょう。

「〜はありません」や「〜はいません」と助詞をつけるときは、主語になる体言にパッチムがあるかないかで助詞「**은／는**」をつけてください。

活用例

귤은 없습니다
（ミカンはないです）

남자친구는 없습니다
（彼氏はいません）

◎ 없어요

「없다」をヘヨ体で使用するときは「다」を取り、語幹の母音を見て「아／어」をつけます。語幹の母音が「ㅓ」で陰母音のため「어」がつきます。

없다 - 다 + 어

없어 + ［요］ = 없어요
없다の連用形　　丁寧語語尾　　eop-sseo-yo

日本語の「〜ありません」「〜いません」にあたりますが、「없습니다」ほどかたい印象はありません。「ないです／いないです」という訳でもかまいません。身近な目上の人に使う丁寧語です。

活用例

아무도 없어요 （誰もいないです）

아무것도 없어요 （何もありません）

◎ 없어

友達や目下の人に使う「〜ないよ」「〜いないよ」にあたります。タメロの訳は、男性なら「ないぞ」にしてもいいと思います。

活用例

어디에도 없어 （どこにもいないよ）

여기도 없어 （ここもないよ）

上記の例文は、状況に応じて「どこにもないよ」「ここもいないよ」と使用できます。

過去形「ありませんでした」「いませんでした」

存在詞「없다」を過去形にしてみましょう。

「ペンがなかった」「友達がいなかった」という文が作れます。

過去形は「없다」の連用形に子音の『ㅆ』をつけるだけです。

$$없어 + ㅆ + 다 = \boxed{없었다}$$

없다の連用形　　過去形　　原形の語尾　　eop-sseot-tta

存在詞「없다」の過去形は「없었다」になります。

	表記	発音
ハムニダ体	없었습니다	eop-sseot-sseum-ni-da
ヘヨ体	없었어요	eop-sseo-sseo-yo
ヘ体	없었어	eop-sseo-sseo

◎ 없었습니다

語幹に「습니다」をつけて「～ありませんでした」「～いませんでした」という語尾にします。丁寧な語尾で、目上の方や初対面の方に用います。

活用例　**계란이 없었습니다**

（卵がありませんでした）

◎ 없었어요

「없었습니다」と同じ訳でもかまいませんが、「なかったです」や「いなかったです」という訳でもいいです。

活用例　**도서관에도 없었어요**

（図書館にもなかったです）

◎ 없었어

「なかったよ」「いなかったよ」という訳になり、タメロにあたります。

活用例　**방에는 없었어** （部屋にはいなかったよ）

疑問文「ありましたか？」「いましたか？」

存在詞「없다」で疑問文を作ってみましょう。「本当になかったの？」「どこにもありませんでしたか？」というような文を作ることができます。

存在詞の現在形「없다」、過去形「없었다」を疑問文にします。

	現在形		過去形	
	表記	発音	表記	発音
ハムニダ体	없습니까？	eop-sseum-ni-kka	없었습니까？	eop-sseot-sseum-ni-kka
ヘヨ体	없어요？	eop-sseo-yo	없었어요？	eop-sseo-sseo-yo
ヘ体	없어？	eop-sseo	없었어？	eop-sseo-sseo

ハムニダ体は現在形・過去形の語尾「다」を「까」に変えます。そして語尾をしり上がりに発音します。ヘヨ体、ヘ体は語形変化はなし。ハムニダ体同様、語尾をしり上がりに発音してください。

活用例

책은 없습니까?
（本はありませんか？）

진짜 없었어요?
（本当になかったですか？）

어디에도 없었어?
（どこにもいなかったの？）

物や、人を探しているときに用いることができますね。

存在詞【있다：ある/いる】【없다：ない/いない】は、現在形と過去形の作り方を覚えれば語尾活用は簡単です。
「物がある・ない」「人がいる・いない」を、たくさんの名詞を使って例文を作ってみましょう。

存在詞の尊敬表現

「ある・いる」「ない・いない」を尊敬表現にする

「있다」「없다」には、尊敬表現があります。使い方を覚えて、場面に応じて使用してみましょう。

原形

		尊敬語　訳	表記	発音
있다	ある	おありだ	있으시다	i-sseu-si-da
	いる	いらっしゃる	계시다	kye-si-da
없다	ない	おありでない	없으시다	eop-sseu-si-da
	いない	いらっしゃらない	안 계시다	an gye-si-da

主語が人ではなく時間や物の場合は「있으시다/없으시다」、尊敬する人つまりは先生や上司の場合は「계시다/안 계시다」を用います。

※「안 계시다」は分かち書きをしますが、ひとまとめで発音するため、有声音化で「アンゲシダ」と発音されます。

語尾活用（現在形）

ある・ない		いる・いない	
있으십니다	i-sseu-sim-ni-da	계십니다	kye-sim-ni-da
있으세요	i-sseu-se-yo	계세요	kye-se-yo
없으십니다	eop-sseu-sim-ni-da	안 계십니다	an gye-sim-ni-da
없으세요	eop-sseu-se-yo	안 계세요	an gye-se-yo

目上の方に尋ねるときに用いるため、疑問文で活用することが多いです。
「いらっしゃいますか（ご在宅ですか）？」「お時間ございますか？」「お荷物はございませんか？」という使い方をします。

過去形で使うのは『계시다』くらいです。「もう、いらしたの？」と言うときなど。

계시다の語尾活用（過去形）

尊敬語　訳	表記	発音
いらっしゃいました おられました	**계셨습니다**	kye-syeot-sseum-ni-da
	계셨어요	kye-syeo-sseo-yo

疑問文にする際は、「**습니다**」の語尾の「**다**」を「**까**」に変えます。「**세요**」は、語尾をしり上がりに発音します。

場面ごとの活用方法を学びましょう

고객님 무슨 문제가 없으십니까？
お客様、何か問題はございませんか？

부치실 수하물이 있으십니까？
お預けになる手荷物はございますか？

오늘 시간이 있으세요？
今日、お時間はおありですか？

부장님이 아직 안 계십니까？
部長はまだいらっしゃっていませんか？

아뇨, 이미 계십니다.
いいえ、すでにいらしております。

계세요？ 누구 안 계세요？
いらっしゃいますか？ どなたかいらっしゃいませんか？

「**있다**」を「**있으시다・계시다**」と入れ換えたりして使い方をマスターしましょう。

11 節

韓国語の形容詞

韓国語の形容詞の種類を学ぶ

形容詞は固有語と漢字語からなるものなど、さまざまな形の単語があります。

かわいい
예쁘다

こざっぱりしている
깨끗하다

清潔だ
청결하다

- 예쁘다…「きれい」や「かわいい」という固有語の形容詞
- 깨끗하다…すっきりしているという意味で元から**하다**がつく形容詞
- 청결하다…청결 (清潔)という漢字語に**하다**をつけた形容詞

副詞に**하다**をつけた形容詞もあります。
- 따끈따끈 (ほかほか) + **하다** = 따끈하다 (ほかほかだ)
- 폭신폭신 (ふわふわ) + **하다** = 폭신하다 (ふわふわだ)

他に、一部の単語に接尾辞をつけて性質や様子を表し、形容詞にしたものもあります。

【답다】
一部の名詞の後について、そのような性質や資格、価値があるという表現で用います。「〜らしい」「〜っぽい」という語尾になります。
- 남자답다…남자 (男) + 답다 = 男らしい
- 인간답다…인간 (人間) + 답다 = 人間らしい

パッチムの有無に関係なく「**답다**」をつけます。

【스럽다】

抽象的な意味の名詞や副詞、形容詞の後について、そのような性質・姿を表現します。「〜らしい」「〜そうだ」という語尾になります。

・사랑스럽다…사랑 (愛) ＋ 스럽다 ＝愛らしい

・만족스럽다…만족 (満足) ＋ 스럽다 ＝満足そうだ

パッチムの有無に関係なく「스럽다」がつきますが、ほぼパッチムがある名詞につきます。

◆◉ 注意ポイント ◉◆

女性 (여성) を使った形容詞の表現については注意が必要です。

『여성답다』も『여성스럽다』もどちらも同じ「女性らしい」と訳せますが、女性の場合は『여성스럽다』を用います。「답다」はそのような"価値"があるという意味で、女性に「女性の価値」があるという使い方はしません。
逆に「스럽다」は抽象的に用いられ、女性＝優しくてほがらかな姿を連想させます。なので、「女性らしい」は『여성스럽다』を用いましょう。

逆に男性は、「男らしい」と使う場合「답다」を用います。男性っぽい姿をしている男性に「男性っぽい」と言っても、だって男性なので……ということになります。男としての価値がある！　男っぽい！　という意味で『남자답다』を使います。そして、なぜか男性は『남성 (男性)』ではなく『남자 (男)』という単語を使い、女性は『여자 (女)』ではなく『여성 (女性)』を使います。

【롭다】

冠形詞または、一部の名詞につき、その名詞の意味を十分に満たしているという抽象的な表現です。「〜らしい」という訳にはなりません。

・흥미롭다…흥미 (興味) ＋ 롭다 ＝興味深い

・신비롭다…신비 (神秘) ＋ 롭다 ＝神秘的だ

基本的に、パッチムのない単語についています。また、単語につけて形容詞にするのではなく、最初から롭다がついている形容詞もあります。

用言の平叙文「です・ます」

用言の平叙文「です・ます」ハムニダ体

形容詞、動詞を「です・ます」の語尾に変化させましょう。
まず、ハムニダ体の作り方です。

母音語幹
ㄹ語幹 **＋ ㅂ니다**
m-ni-da

子音語幹 **＋ 습니다**
seum-ni-da

「する・行う」という "**하다**" は、母音語幹ですので「＋ㅂ니다」で『**합니다**』
となります。この **하다** は、名詞や副詞につけて用言にすることができます。

하다 ＋ **ㅂ니다** → **합니다**
（する）　　　　　　　　　　　　（します）

動詞の場合は「〜します」、形容詞の場合は「〜です」という訳になります。

◎語幹3種類をハムニダ体にしてみましょう！
パッチムがない用言には語幹に「ㅂ니다」をつけ、パッチムがある語幹には「습
니다」をつけます。ㄹパッチムの語幹はㄹ脱落し「ㅂ니다」がつきます。

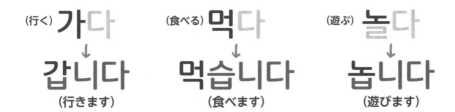

（行く）**가다**　　　　　　（食べる）**먹다**　　　　　　（遊ぶ）**놀다**
　　　↓　　　　　　　　　　　　↓　　　　　　　　　　　　↓
갑니다　　　　　**먹습니다**　　　　　**놉니다**
（行きます）　　　　　　（食べます）　　　　　　（遊びます）

用言は語幹と語尾で成り立っています。
「**다**」が語尾です。なので、語尾の前にある文字が語幹となります。

用言の平叙文「です・ます」ヘヨ体

形容詞、動詞をヘヨ体の「です・ます」にしてみましょう。
まず、用言を連用形に変化させます。

連用形にするには、語幹の母音を確認しなければなりません。
陽語幹には「**아**」、陽語幹以外には「**어**」をつけます。そして丁寧語の語尾「**요**」
がつきます。

陽語幹
+아요
a-yo

陽語幹以外
+어요
eo-yo

「する・行う」という"**하다**"は**하**変則活用するので、「**아**」ではなく『**여**』がつ
きます。『**하여요**』は縮約されて「**해요**」となります。

$$하다 + 여요 = 하여요 → 해요$$
　（する）　　　　　　　　　　　　　（します）

動詞の場合は「～します」、形容詞の場合は「～です」という訳になります。

◎**하다**以外の用言をヘヨ体にしてみましょう！
陽母音は「**아**」、陽母音以外は「**어**」をつけて連用形にします。このとき、パッチ
ムの子音字は関係ありません。

（食べる）**먹다 + 어요**
↓
먹어요
（食べます）

（遊ぶ）**놀다 + 아요**
↓
놀아요
（遊びます）

◎ 아/어の縮約

語幹が母音で終わる用言のヘヨ体は「아/어」が縮約されます。そのまま語尾の「요」がつきます。

가다（行く）の場合、語幹の母音は「ㅏ」で陽母音です。

가 + 아요 = 가아요（✕）→ 아は縮約され「**가요**」になります。

ただし、すべての母音語幹が"**가다**"のように「**아/어**」がなくなるというわけではありません。母音の種類により、語形変化します。

아/어縮約	ㅏ + 아요 ㅏ요	ㅓ + 어요 ㅓ요	ㅕ + 어요 ㅕ요	* ㅐ + 어요 ㅐ요	* ㅔ + 어요 ㅔ요
母音変化	ㅗ + 아요 ㅘ요	ㅜ + 어요 ㅝ요	* ㅚ + 어요 ㅙ요	* ㅣ + 어요 ㅕ요	

* 口語では아/어の発音省略。文語では縮約せずに用います。

母音が「ㅏ・ㅓ・ㅕ・ㅐ・ㅔ」は「**아/어**」がなくなり、「ㅗ・ㅜ・ㅚ」は「**아/어**」の母音とくっつきます。そして中性母音「ㅣ」は「ㅕ」に変化します。

ちなみに「ㅐ・ㅔ・ㅚ・ㅣ」は、文語では**아/어**縮約・母音変化しません。

例えば"飲む"という単語の『**마시다**』は、口語では「**마셔요**」、文語では変化なしの「**마시어요**」です。しかし、最近では文語でも縮約した形が多く用いられています。

きちんとした文書では「**마시어요**」となるということです。友達へのメールや手紙では、縮約した形を用いてください。

「ㅏ・ㅓ・ㅕ・ㅗ・ㅜ」は、文語でも語形変化します。

— 13 節 —
用言の過去形「でした・しました」

用言の過去形「でした・しました」ハムニダ体

形容詞、動詞を過去形の語尾に変化させましょう。

「勉強しました」「熱かったです」というような文にできます。

まず、過去形にするには用言の語幹を連用形にし、子音の『ㅆ』をつけます。

そして、ハムニダ体にするには語尾に「습니다」をつけます。

아 / 어 + ㅆ + 다 → 았다 / 었다

陽語幹＋
았습니다
at-sseum-ni-da

陰語幹＋
었습니다
eot-sseum-ni-da

「する・行う」という"하다"をハムニダ体の過去形にしてみましょう。まず、連用形にし「+ㅆ습니다」をつけます。

하다 + 여 →해 →했 →했습니다
(する) **(した)** **(しました)**

動詞の場合は「～しました」、形容詞の場合は「～でした」という訳になります。

◎하다以外の用言をハムニダ体の過去形にしてみましょう！

例えば"分かる"という単語であれば、陽語幹のため語幹に「+았습니다」がつきます。

알다 + 았→알았습니다
(分かる) **(分かりました)**

意味は、やっと理解しましたというニュアンスの「分かりました」となります。指示をされて「はい、今からやります」というニュアンスでは用いられません。

用言の過去形「でした」「しました」ヘヨ体

ヘヨ体の過去形はハムニダ体の作り方と似ています。用言の語幹を連用形にし、子音の『ㅆ』をつけ、語尾に「어요」をつけます。

아/어+ㅆ+다 → 았다/었다

陽語幹＋
았어요
a-sseo-yo

陰語幹＋
었어요
eo-sseo-yo

"하다" をヘヨ体の過去形にしてみましょう。まず、連用形にし「＋ㅆ어요」をつけます。「했어요」で「しました」「でした」という訳になります。

하다 ＋ 여→해→했→했어요
(する) **(した)** **(しました)**

ハムニダ体よりやわらかい丁寧語です。

◎活用例

		連用形＋ヘヨ体	過去形	発音
陽語幹	달다 (甘い)	달아＋ㅆ어요	달았어요	ta-ra-sseo-yo
陰語幹	쉬다 (休む)	쉬어＋ㅆ어요	쉬었어요	swi-eo-sseo-yo

「甘かったです」「休みました」という訳になります。

◎아/어の縮約
平叙文の現在形同様、語幹が母音で終わる用言のヘヨ体は「아/어」が縮約されます。

	連用形＋ヘヨ体	過去形	発音
보다 (見る)	봐＋ㅆ어요	봤어요	pwa-sseo-yo
오다 (来る)	와＋ㅆ어요	왔어요	wa-sseo-yo

━┥ 14節 ┝━
用言の意志・推量
「するつもり・しそうだ」

語尾を「するつもり・しそうだ」に変える

話し手の意志「～するつもり」や推量「～しそうだ」という語尾に変えます。また、近い未来のことも表現できます。用言の語幹に『겠』をつけます。

語幹 ＋ 겠 다
ket-tta

◎語尾活用

	表記	発音
ハムニダ体	**-겠습니다**	-ket-sseum-ni-da
ヘヨ体	**-겠어요**	-ke-sseo-yo
ヘ体	**-겠어**	-ke-sseo

用言の語幹につけるだけです。「겠」は、前にくる語幹によっては有声音化で「get」という発音になりますので、注意してください。

"하다"用言で解説します。

하다 ＋ 겠다 ＝ 하겠다
（する）　　　　　　　　（するつもりだ）

ハムニダ体の「**하겠습니다**」は、現在形の「**합니다**」の訳「～します」「～です」でもかまいません。ただし、ニュアンスが異なります。「**하겠습니다**」は「これからします」という意志、「そうであろう」という推量表現が含まれます。

活用例

지금부터 청소를 하겠습니다 （今から掃除をします）意志

또 거짓말을 하겠어요 （また、嘘をつきますよ）推量

곧 학교 종소리가 울리겠어 （もうすぐ学校のチャイムが鳴るよ）未来

『알겠다』意志活用の注意点

『겠다』は、単語によっては過去形の訳になるときがあります。

"分かる"という単語「알다」の意志表現は普段からよく使われます。日本語に訳すと「分かった」となります。

はい、分かりました
네, 알겠습니다

仕事を依頼

「알겠습니다」は、上司から仕事の指示・依頼を受けたときや、お客様からお願い事をされたときに「承知いたしました」「かしこまりました」という意味で用いられます。

「分かります」や「分かりそうです」という訳にはなりません。

◎推量（現在・過去）

推量で用いる場合、現在・過去のことでも活用できます。

活用例

삿포로는 지금 눈이 오겠어요
（札幌は今、雪が降っているでしょう）現在

어제 인천공항은 혼잡했겠어
（昨日、仁川空港は混雑していただろうね）過去

◎慣用表現

慣用的な表現でも用いることができます。

・처음 뵙겠습니다（はじめまして）

※直訳「初めてお目にかかります」

・비가 왔으면 좋겠다（雨が降ったらいいのにな）

・너무 좋아서 미치겠어（好きすぎてどうにかなりそう）

※直訳「あまりにも好きで頭が狂いそうだ」

—┤ 15節 ├—

用言の否定形「しない・ない」

語尾を「しない・ない」に変える

形容詞、動詞を否定形の語尾に変化させましょう。
「私はやりません」「寒くありません」というような文にできます。

語幹 + 지 않다
chi   an-ta

◎語尾活用

	表記	発音
ハムニダ体	**－지 않습니다**	-chi an-sseum-ni-da
ヘヨ体	**－지 않아요**	-chi a-na-yo
ヘ体	**－지 않아**	-chi a-na

用言の語幹につけるだけです。「**지**」は、前にくる語幹によっては有声音化で「ji」という発音になりますので、注意してください。

"**하다**"用言を否定形にしてみましょう。

하다 + 지 않다 = 하지 않다
（する）　　　　　　　　　　　（しない）

◎活用例

먹다（食べる）	**먹지 않습니다**（食べません）	meok-tchi an-sseum-ni-da
맵다（辛い）	**맵지 않아요**（辛くありません）	maep-tchi a-na-yo
보이다（見える）	**보이지 않아**（見えないよ）	po-i-ji a-na

◎副詞活用

用言の否定形は「-지 않다」の他にもう1つあります。否定を表す副詞を平叙文の前に置くだけで「～しない」という否定表現になります。

안 + 用言の平叙文
an

"하다"で活用方法を確認しましょう。

しません	안 합니다	an ham-ni-da
	안 해요	an hae-yo
しないよ	안 해	an hae

平叙文のハムニダ体・ヘヨ体・ヘ体の前に置くだけです。

分かち書きをしますが、続く文字と連音化して発音したほうが自然に聞こえます。「안 해」は「アネ」という発音になります。

「지 않다」のほうが丁寧な表現ですが、強調して否定したいときは【안～】を用います。例えば"食べます"の否定形「안 먹어요」は「食べません!!!」という印象です。

◎活用例

공유 안 합니다 (共有しません)
kong-yu　an　ham-ni-da

안 마셔요 (飲みません)
an　ma-syeo-yo

안 괜찮아 (大丈夫じゃないよ)
an　kwaen-cha-na
※

※有声音化で発音が濁るはずですが、괜찮다 (大丈夫) の場合は、濁らず発音しています。

안 가 (行かないよ)
an　ga

名詞＋하다の用言を否定形にするときは『名詞＋안 하다』ですが、"친하다(親しい)"のように一文字에하다がついている用言や、形容詞に하다をつけた用言には、하다の前ではなくそのまま用言の前に置きます。

例

안 친해요 (親しくありません)

否定文の過去形

「〜しない」を過去形にして「〜しなかった」という文にしてみましょう。

否定の「**않다**」を連用形にして、子音の『**ㅆ**』をつけるだけです。

$$\text{지 않다} + \text{아} + \text{ㅆ다} = \text{지 않았다}$$

chi　　　　　　　　　　a-nat-tta

「**않다**」の語幹の母音は陽母音なので「**않았다**」が過去形になります。

	表記	発音
ハムニダ体	**−지 않았습니다**	-chi a-nat-sseum-ni-da
ヘヨ体	**−지 않았어요**	-chi a-na-sseo-yo
ヘ体	**−지 않았어**	-chi a-na-sseo

語幹の「**않**」に陽母音の過去形をつけます。ハムニダ体には「**았습니다**」がつき、
ヘヨ体には「**았어요**」、ヘ体には「**았어**」がつきます。
訳は「〜しませんでした」「〜しなかったよ」という訳になります。

活用例　　**사지 않았습니다** (買いませんでした)

　　　　　예쁘지 않았어요 (きれいではありませんでした)

否定表現【안】を活用した場合

否定形にするには、過去形の平叙文に【**안**】をつけるだけです。

하다活用

しませんでした	**안 했습니다**	an haet-sseum-ni-da
	안 했어요	an hae-sseo-yo
しなかったよ	**안 했어**	an hae-sseo

活用例　　**안 샀습니다** (買いませんでした)

　　　　　안 예뻤어요 (きれいじゃなかったです)

不可能表現「できない」

「できない」を韓国語にする

動詞を「できません」という不可能表現にしてみましょう。不可能を表す副詞を動詞の平叙文の前に置くだけで、「〜できない」という文を作ることができます。

못 + 動詞の平叙文
mot

"사다 (買う)"で活用方法を確認しましょう。

買えません	못 삽니다	mot sam-ni-da
	못 사요	mot sa-yo
買えないよ	못 사	mot sa

動詞の平叙文のハムニダ体・ヘヨ体・ヘ体の前に置くだけです。
"하다"がついていない動詞は分かち書きします。

活用例

더는 못 먹습니다 (もう食べられません)

오늘은 못 가요 (今日は行けません)

저는 한국어를 못합니다
(私は、韓国語ができません)

"약속하다 (約束する)"のような名詞 + 하다の動詞は、名詞と하다の間に『못』を置き、名詞と못の間は分かち書きをします。

例

약속 못합니다 (約束できません)

丁寧な不可能表現「〜できません」

動詞、形容詞を「できません」という表現にできます。用言の後に『지 못하다』をつけるだけです。形容詞は、基準に至らないという表現で活用することができます。

$$語幹 + 지 못하다$$

chi mo-ta-da

◎語尾活用

	表記	発音
ハムニダ体	**-지 못합니다**	-chi mo-tam-ni-da
ヘヨ体	**-지 못해요**	-chi mo-tae-yo
ヘ体	**-지 못해**	-chi mo-tae

「지」は、前にくる語幹によっては有声音化で「ji」という発音になります。

・**좋다**（良い）
　좋지 못하다（良くない）
　좋지 못해요（良くないです）

・**가다**（行く）
　가지 못하다（行けない）
　가지 못합니다（行けません）

強調して言うときは、助詞の「는（は）」「를（が）」「도（も）」をつけます。

例　**가지는 못합니다**（行くことはできません）

◀ 注意ポイント ▶

『못하다』という単語は、くっつけて書くときと分かち書きするときでは意味が異なります。『못하다』は能力がなくて「できない」という意味となり、分かち書きで『못 하다』は、理由があって「今はできない」という意味となります。分かち書きをして『지 못 하다』というような活用はしません。

例　**그렇게 못 해요**（そんなにできないよ）

用言の疑問文

用言を疑問文にする

用言の平叙文を疑問文に変えてみましょう。過去形も否定形も疑問文にできます。作り方は簡単！ 語尾を変えて、発音する際に語尾を上げるだけです。

ㅂ니
ㅆ습니
지 않습니 → 다 까?
kka

ハムニダ体の場合、語尾の「다」を「까」に変えます。そして語尾をしり上がりに発音します。

例) 먹다（食べる）
　　・먹습니까？（食べますか？）
　　・먹었습니까？（食べましたか？）
　　・먹겠습니까？（食べますか？）
　　・먹지 않습니까？（食べませんか？）
　　・먹지 않았습니까？（食べませんでしたか？）
　　・먹지 못합니까？（食べられませんか？）

ヘヨ体、ヘ体は語形変化はなし。ハムニダ体同様、語尾をしり上がりに発音してください。

例) 아프다（痛い）
　　・아파요？（痛いですか？）
　　・아팠어요？（痛かったですか？）
　　・아프겠어요？（痛いでしょうか？）
　　・아프지 않아요？（痛くないですか？）
　　・안 아파요？（痛くないですか？）
　　・아프지 않았어요？（痛くなかったですか？）

┤ 18節 ├

助詞に注意

助詞に注意①「〜が好きだ」

韓国語で「〜が好きだ」と言うときの助詞の使い方には注意が必要です。
日本語の助詞「〜が」は、韓国語では「이/가」にあたりますが、ここで実際に使う助詞は『을/를（〜を）』となります。

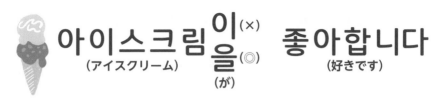

아이스크림이(×)을(◎) 좋아합니다
（アイスクリーム）（が） （好きです）

"好きだ"という単語は「良い」という意味の形容詞「좋다」に하다用言がつき、『좋아하다』となります。日本語では形容動詞となりますが、韓国語では動詞に分類されます。

動詞の単語を使った文の助詞は『을/를』がつくと覚えてください。
直訳すると「〜を好きです」となります。

また、形容詞の「좋다」も同じく"好き"と訳せる単語です。形容詞の場合の助詞は『이/가』となります。
同じ意味でも形容詞と動詞で助詞が異なるので、注意してください。

活用例　　（君が好きです）

네가 좋아요　　너를 좋아해요

ただし、ニュアンスの差はあります。「좋아요」のほうがLike寄りです。SNSの「いいね」も「좋아요」です。想いを伝える告白なら『좋아해요』のほうがいいと思います。

助詞に注意② 「～に会う」

韓国語で「～に会う」「～に乗る」と言うときの助詞の使い方には注意が必要です。
日本語の助詞「～に」は、韓国語では「에게/한테」や「에/로」で使い分けますが、この場合の助詞は『을/를（～を）』となります。

친구를 만나다
（友達に会う）

오토바이를 타다
（バイクに乗る）

「～が好き」と同じように、動詞の文につける助詞は『을/를』を使います。「～に行く」と言うときは、場所ではなく行動を指すときの助詞『을/를』になります。

活用例

남친을 만나다 （彼氏に会う）
※남친→남자친구（彼氏）の略

어머니를 만나다 （母に会う）

자전거를 타다 （自転車に乗る）

택시를 타다 （タクシーに乗る）

출장을 가다 （出張に行く）

낚시를 가다 （釣りに行く）

「～に行く」の助詞は、文によって変わります。場所を指すときは「에」になります。
『공원에 가다（公園に行く）』など。
用言を使用するときは、つける助詞に注意しましょう。

—┤ 19 節 ┤—
用言の連体形

動詞と存在詞の現在連体形

「する〜」「している〜」という連体形の文を作ってみましょう。まずは動詞と存在詞の現在進行の連体形を紹介します。

動詞
存在詞　語幹　**＋ 는**　現在連体形

動詞と存在詞の語幹に『는』をつけます。パッチムの有無は関係ありません。

（聞く音楽）
듣는 음악
듣다 + 음악

（美味しいピザ）
맛있는 피자
맛있다 + 피자

現在の動作や状態が行われている現在進行と、一般的な物事や状態を表現します。

活用例

原形	現在連体形	発音
하다（する）	**하는**（する〜）	ha-neun
먹다（食べる）	**먹는**（食べる〜）	meong-neun
만들다（作る）	**만드는**（作る〜）	man-deu-neun
일하다（働く）	**일하는**（働く〜）	ir-ha-neun
있다（ある・いる）	**있는**（ある・いる〜）	in-neun
없다（ない・いない）	**없는**（ない・いない〜）	eom-neun

※ ㄹパッチムは注意！　変則活用で ㄹ 脱落です。

・먹는 모습이 귀엽다（食べる姿がかわいい）

・흥미가 있는 이야기（興味がある話）

形容詞と指定詞の現在連体形

「い〜」「な〜」「の〜」「ではない〜」という連体形の文を作ってみましょう。形容詞と指定詞で作る現在連体形です。現在の状態を表現できます。

$$\text{形容詞}\ \text{指定詞}\ \text{語幹} + \text{ㄴ} / \text{은}$$

現在連体形

語幹にパッチムがあれば「은」をつけ、パッチムがなければ「ㄴ」をつけます。

(大きい窓)
큰 창문
크다 + 창문

(小学生の娘)
초등학생인 딸
초등학생이다 + 딸

活用例

	原形	現在連体形	発音
하다用言	**하다**（〜だ）	**한**（な〜）	han
パッチムなし	**예쁘다**（きれい）	**예쁜**（きれいな〜）	ye-ppeun
パッチムあり	**많다**（多い）	**많은**（多い〜）	ma-neun
ㅂ語幹	**어렵다**（難しい）	**어려운**（難しい〜）	eo-ryeo-un
ㄹ語幹	**멀다**（遠い）	**먼**（遠い〜）	meon
ㅎ語幹	**노랗다**（黄色い）	**노란**（黄色い〜）	no-ran
指定詞	**이다**（〜だ）	**인**（の〜）	in
	아니다（〜ない）	**아닌**（ない〜）	a-nin

※子音語幹で変則活用がある子音には注意です。

・작은 상자（小さな箱）
・넓은 방（広い部屋）
・혼자가 아닌 날（1人じゃない日）

動詞の過去連体形

「した〜」「していた〜」という連体形の文を作ってみましょう。動詞の過去連体形です。

動詞語幹 ＋ **ㄴ / 은** <small>過去連体形</small>

動詞の語幹にパッチムがあれば「은」をつけ、パッチムがなければ「ㄴ」をつけます。

(読んだ本)

읽은 책
읽다 + 책

(作った料理)

만든 요리
만들다 + 요리

活用例

	原形	過去連体形	発音
하다用言	**하다**（する）	**한**（した〜）	han
パッチムなし	**보다**（見る）	**본**（見た〜）	pon
パッチムあり	**넣다**（入れる）	**넣은**（入れた〜）	neo-eun
ㄹ語幹	**살다**（暮らす）	**산**（暮らした〜）	san
ㄷ語幹	**듣다**（聞く）	**들은**（聞いた〜）	teu-reun
ㅂ語幹	**굽다**（焼く）	**구운**（焼いた〜）	ku-un

※子音語幹で変則活用がある子音には注意です。

・**이미 본 영화**（すでに見た映画）

・**잊은 과거**（忘れた過去）

・**먹은 한국 요리**（食べた韓国料理）

用言の過去連体形①

「だった～」「していた～」という連体形の文を作ってみましょう。

過去の回想や過去の継続的な動作や習慣を表現します。「昔よく食べていたお菓子」や「通っていた学校」という文が作れます。

用言語幹　**＋**　**던**　過去連体形

用言の語幹に『**던**』をつけます。パッチムの有無は関係ありません。

（よくしていたゲーム）
잘 하던 게임
하다＋게임

（良かったパック）
좋던 팩
좋다＋팩

活用例

	原形	過去連体形	発音
하다用言	**하다** (する)	**하던** (していた～)	ha-deon
動詞	**다니다** (通う)	**다니던** (通っていた～)	ta-ni-deon
形容詞	**조용하다** (静かだ)	**조용하던** (静かだった～)	cho-yong-ha-deon
指定詞	**이다** (～だ)	**이던** (だった～)	i-deon
	아니다 (～ない)	**아니던** (なかった～)	a-ni-deon
存在詞	**있다** (ある・いる)	**있던** (あった・いた～)	it-tteon
	없다 (ない・いない)	**없던** (なかった～・いなかった～)	eop-tteon

・**고향에서 타던 차** (故郷で乗っていた車)

・**멋지던 호텔** (素敵だったホテル)

・**미인이던 친구들** (美人だった友人たち)

・**아무 일 없던 사람** (何事もなかった人)

用言の過去連体形②

用言の連用形に『ㅆ던』をつけて、過去の回想や過去に続けていた行動が中断されていることを表現します。過去連体形①と同じ訳になりますが、ニュアンスが異なります。昔、していたことで今はしていないということです。

$$아 / 어 + 쓰 던$$

用言の連体形　　　　　　　　　　　**過去連体形**

訳は「だった〜」「していた〜」です。

用言の語幹を見て陽語幹なら「**아**」、陰語幹なら「**어**」を語幹につけます。

(楽しかった思い出)
즐거웠던 추억
즐 겁 다 + 추 억

(飼っていた猫)
길렀던 고양이
기르다 + 고양이

活用例

	原形	過去連体形	発音
하다 用言	**하다**（する）	**했던**（していた〜）	haet-tteon
動詞	**입다**（着る）	**입었던**（着ていた〜）	i-beot-tteon
形容詞	**싫다**（嫌い）	**싫었던**（嫌いだった〜）	si-reot-tteon
指定詞	**이다**（〜だ）	**이었던**（だった〜）	i-eot-tteon
	아니다（〜ない）	**아니었던**（なかった〜）	a-ni-eot-tteon
存在詞	**있다**（ある・いる）	**있었던**（あった・いた〜）	i-sseot-tteon
	없다（ない・いない）	**없었던**（なかった〜・いなかった〜）	eop-sseot-tteon

· **기다렸던 첫 승**（待ちに待った初勝利）
· **옛날에는 귀여웠던 동생**（昔はかわいかった弟）
· **처음이었던 해외여행**（初めてだった海外旅行）
· **재미있었던 드라마**（面白かったドラマ）

用言の未来連体形①

未来連体形の文章を作ってみましょう。これから行う、未来の出来事に対して表現することができ、話し手の意志や予定、推量で用います。

$$用言語幹 \quad + \quad ㄹ \, / \, 을 \quad 未来連体形$$

用言の語幹が母音語幹のときは「ㄹ」、子音語幹のときは「을」をつけます。
ㄹ語幹は変則活用に注意してください。

(運動するとき)
운동할 때
하다+때

(忙しいとき)
바쁠 때
바쁘다+때

活用例

	原形	未来連体形	発音
하다用言	**하다** (する)	**할** (する〜)	hal
動詞	**늘어나다** (増える)	**늘어날** (増える〜)	neu-reo-nal
形容詞	**나쁘다** (悪い)	**나쁠** (悪い〜)	na-ppeul
指定詞	**이다** (〜だ)	**일** (の〜)	il
	아니다 (〜ない)	**아닐** (ない〜)	a-nil
存在詞	**있다** (ある・いる)	**있을** (ある・いる〜)	i-sseul
	없다 (ない・いない)	**없을** (ない・いない〜)	eop-sseul

· 잘 생각이야 (寝るつもりだよ)
· 슬플 때 어떻게 해요? (悲しいときどうしますか？)
· 대상이 아닐 텐데 (対象ではないはずなのに)
· 수박이 가장 맛있을 계절 (スイカがもっとも美味しい季節)

用言の未来連体形②

未来連体形は、活用の際よく使われる名詞や語尾があります。

ㄹ/을 것이다 (～するつもりだ)
keo-si-da

「것」は、形式依存名詞で「～こと」という意味です。後に指定詞をつけ「～だ」「～である」という訳で用います。

「것이다」は縮約して「거다」と用いてもかまいません。

	表記	発音	縮約形
ハムニダ体	것입니다	keo-sim-ni-da	겁니다
ヘヨ体	것이에요	keo-si-e-yo	거예요
ヘ体	것이야	keo-si-ya	거야

・할 거예요? 안 할 거예요? (やるんですか? やらないんですか?)

ㄹ/을 때 (～するとき)
ttae

「때」は、名詞で「～とき」「～頃」という意味です。

ㄹ/을 텐데 (～するはずなのに)
ten-de

「텐데」は終結語尾で、必ず「ㄹ/을」の後につきます。

未来連体形の「ㄹ/을」ですが、過去にあったであろうと推量する文や個人的な意見を述べるときにも活用できます。

活用例
・밤중에 비가 왔을 거야 (夜中に雨が降ったのだろう)
・청소를 할 때는 기분이 좋습니다 (掃除をしているときは気分が良いです)

相槌を丁寧語にする

丁寧な相槌とは

韓国は、年上の方には"敬語を使う"という文化です。相槌^{あいづち}も敬語でなければいけません。副詞にも「〜です」「〜ですか？」と語尾をつけます。

설마요!
（まさか！）

벌써요?
（もう？）

	表記	発音
パッチムあり	이요	i-yo
パッチムなし	요	yo

例えば、目上の人との会話中に「まさか！」と驚いたときも、文章を丁寧にする語尾「요」が必要です。

副詞だけではなく、体言（名詞）にも使えます。体言は後に指定詞の「이에요/예요」をつけることで「〜です」という語尾になりますが、体言と指定詞の間に助詞を入れることはできません。「요」は助詞を入れることができます。

例）その猫がですか？
　　　그 고양이가예요?（×）　　　그 고양이가요?（〇）

相槌や聞き返すとき、また丁寧に言いたいときにも用います。

活用例　　　・그냥（別になんとなく）→그냥이요
　　　　　　・또?（また？）→또요?
　　　　　　・저도（私も）→저도요

┤ 21 節 ├
韓国語の副詞

副詞を覚える

用言を修飾し、意味をより明確に示すことができる副詞。副詞を覚えると表現豊かな文が作れます。似ている意味の副詞も多く、状況に応じて使い分けできるようにしましょう。

◎いつも
항상 / 늘 / 언제나
hang-sang　　　neul　　　　eon-je-na

「常に」という意味の単語ですが、普段使いは『항상』です。目上の方にも使えます。『늘』は、かたい印象がありビジネスシーンで使われます。『언제나』は普段使いはほぼせず、歌詞や文語で用いられます。

◎早く
얼른 / 어서 / 일찍 / 빨리
eol-leun　　　eo-seo　　　il-tchik　　　ppal-li

行動の開始をせかす、行動に取り掛かる『얼른』、行動の開始・終了をせかし、催促する『어서』、日時や予定の希望・要望『일찍』、行動を素早くさせる『빨리』。

◎とても
너무 / 매우 / 엄청 / 아주
neo-mu　　　mae-u　　　eom-cheong　　　a-ju

否定的な「あまりにも」という意味ですが、後に続く単語によっては肯定的にも用いられる『너무』、「非常に」と強調して表現できる『매우』、「めちゃくちゃ」というような若者が使う『엄청』、オールマイティに使える『아주』。

◎本当に
정말로 / 진짜로
cheong-mal-lo　　　chin-tcha-ro

どちらも同じ意味ですが、『정말로』のほうが丁寧な表現です。『진짜로』は、「マジで」に近い言葉となります。

形容詞からなる副詞

副詞の中には、形容詞から派生して独立した単語になったものが数多くあります。
まず、副詞は大きく分けると３つに分類されます。

◎音象徴語→音で表す擬声語と様子を表す擬態語

例）

엉엉 울다	킥킥 웃었다	펄럭펄럭 나부끼다
わんわん泣く	くすくす笑った	はたはたなびく

◎本来副詞→品詞語尾をもたない

例）

이미	아마	더
すでに	多分	もっと

◎派生副詞→副詞以外の品詞に『이／리／로／히』と『게』がつき、派生して副詞に
　なったもの

例）

같다	빠르다	새	천천하다	예쁘다
(同じだ)	(速い)	(新しい)	(ゆっくりだ)	(きれいだ)
↓	↓	↓	↓	↓
같이	빨리	새로	천천히	예쁘게
(一緒に)	(速く)	(新しく)	(ゆっくり)	(きれいに)

この『이／리／로／히』がつく副詞は決まりがなく、単語１つずつ覚える必要
があります。『게』は、動詞・形容詞・存在詞につけることが可能で、「～するよ
うに」という意味の副詞となります。
形容詞を副詞にする際、**하다**がつかない単語は「이」がつくものが多く、**하다**
がつく単語は基本的に「히」がついた形で使用されています。
一部例外があり、**하다**の前の文字に「ㅅ」パッチムがあると「이」をつけた副詞
となります。

例）**깨끗하다**（清潔だ）→**깨끗이**（きれいに）

また、**하다**がつく形容詞からなる副詞は、「히」がつくものと「게」がつくもの
の２種類が存在します。

形容詞からなる副詞②

하다がつく形容詞の副詞は「**히**」がつくもの、「**하게**」がつくものがあり、そして同じ訳で使います。

꼼꼼하다 (几帳面だ・入念だ)
kkom-kkom-ha-da

副詞は「**꼼꼼히**」「**꼼꼼하게**」で「几帳面に」と同じ訳になります。この場合、どちらを使ったほうがいいのでしょうか?

「**히**」がつくと白黒はっきりしたさまを表し、的確な指示や命令文などで使います。「**하게**」は、そのような様子という意味で用います。

・入念にチェックしてください→「**꼼꼼히**」
・几帳面に掃除していましたよ→「**꼼꼼하게**」

どちらでも通じますので、深く考える必要はありませんが、少しニュアンスが異なると覚えておいてください。

◎活用例

	副詞訳	히	하게
분명하다（明らかだ）	明らかに	**분명히**	**분명하게**
조용하다（静かだ）	静かに	**조용히**	**조용하게**
확실하다（確実だ）	確実に	**확실히**	**확실하게**
완벽하다（完璧だ）	完璧に	**완벽히**	**완벽하게**

Column　韓国の地図

正式名称:**대한민국**(大韓民国:Republic of Korea)
首都:**서울특별시**(ソウル特別市:Seoul)

Koreaの語源は「高麗」からきています。
英語表記の際、「South Korea」と略称することもあります。

韓国の国民食キムチ(**김치**)は、地域ごとに少しずつ味付けが異なり、200種類近くあるそうです。

都市と都市をつなぐ高速鉄道KTX(**케이티엑스**)という乗り物があり、ソウルと釜山の間を約2時間半で結んでいます。

韓国に旅行の際は、地方への訪問、食文化を楽しんでみてください。

Chapter 5

基 本 フ レ ー ズ

最後の章では、日常でよく使われる韓国語の
基本フレーズを紹介します。
これを覚えておくだけでも、
旅行などのふとしたシーンで使えるので便利です。
では、さっそく始めてみましょう。

韓国語で「おはよう」

韓国語で「おはよう」とは

韓国語には、日本語の「おはよう」にあたるフレーズがありません。
朝の挨拶で使われているフレーズをパターンごとに紹介します。

안녕 （おはよう）
an-nyeong

	表記	発音
おはようございます	안녕하십니까？	an-nyeong-ha-sim-ni-kka?
	안녕하세요	an-nyeong-ha-se-yo

1日のどの時間帯でも使える挨拶です。
昼に使うときは「こんにちは」、夜なら「こんばんは」です。また、お別れするとき
の「さようなら」でも使えます。
「안녕」は、漢字で「安寧」と書き、無事でやすらかなことを指します。

좋은 아침 （良い朝だね）
cho-eun　　a-chim

	表記	発音
良い朝ですね	좋은 아침입니다	cho-eun a-chi-mim-ni-da
	좋은 아침이에요	cho-eun a-chi-mi-e-yo

もちろん朝にしか使えない挨拶です。天気が良い日に使うといいと思います。

잘 잤어요? [chal ja-sseo-yo?]

『잘（良く）』＋『잤다（寝た）』のヘヨ体です。タメロは「요」を外します。
"昨晩はゆっくり寝れましたか？"という意味です。
もっと丁寧にした挨拶もあります。

表記	発音
안녕히 주무셨습니까?	an-nyeong-hi chu-mu-syeot-sseum-ni-kka?
안녕히 주무셨어요?	an-nyeong-hi chu-mu-syeo-sseo-yo?

目上の方や親しくない方に使う「よくお休みになれましたでしょうか？」という
意味です。
「자다（寝る）」の尊敬語「주무시다（お休みになる）」を用います。

굿모닝 [kun-mo-ning (gun-mo-ning)]

英語の「Good morning」です。
敬語にはならないため、後ろに「イムニダ」をつけて『굿모닝입니다』と言う方
もいらっしゃいます。

韓国語で「ありがとう」

韓国語で「ありがとう」とは

韓国語の「ありがとう」は、漢字語からなる「**감사하다**」と固有語の「**고맙다**」の 2 パターンあります。

감사하다 (感謝する)
kam-sa-ha-da

	表記	発音
感謝いたします	**감사합니다**	kam-sa-ham-ni-da
ありがとうございます	**감사해요**	kam-sa-hae-yo

もっと丁寧な表現もあります。

	表記	発音
感謝申し上げます	**감사드립니다**	kam-sa-deu-rim-ni-da
	감사드려요	kam-sa-deu-ryeo-yo

「**드리다**」は、差し上げる・申し上げるという意味です。

고맙다 (ありがたい)
ko-map-tta

	表記	発音
ありがとうございます	**고맙습니다**	ko-map-sseum-ni-da
	고마워요	ko-ma-wo-yo
ありがとう	**고마워**	ko-ma-wo

---| 3節 |---

韓国語で「ごめんなさい」

韓国語で「ごめんなさい」とは

韓国語の謝罪の言葉は「申し訳ございません」と「ごめんなさい」があります。

죄송하다 （申し訳ない）

chwe-song-ha-da

	表記	発音
申し訳ございません	**죄송합니다**	chwe-song-ham-ni-da
ごめんなさい	**죄송해요**	chwe-song-hae-yo

미안하다 （すまない・申し訳ない）

mi-an-ha-da

	表記	発音
申し訳ございません	**미안합니다**	mi-an-ham-ni-da
ごめんなさい	**미안해요**	mi-an-hae-yo
ごめん	**미안해**	mi-an-hae

「미안, 미안!」と言う方も多く、日本語の「すまん、すまん！」にあたります。

韓国語で「さようなら」

韓国語で「さようなら」とは

韓国語で「さようなら」「バイバイ」「またね」を丁寧な表現から友達間で使えるものまで覚えましょう。

◎さようなら

送り出す側	立ち去る側
안녕히 가십시오 an-nyeong-hi ga-sip-ssi-o	안녕히 계십시오 an-nyeong-hi gye-sip-ssi-o
안녕히 가세요 an-nyeong-hi ga-se-yo	안녕히 계세요 an-nyeong-hi gye-se-yo

その場を離れる方と残る方でフレーズが異なります。
「세요」より「십시오」のほうがより丁寧です。
有声音化せず、ゆっくり「アンニョンヒ カセヨ〜」と発音される方もいらっしゃいます。

◎またね

또 만나요 [tto man-na-yo]
※「また会いましょう」という意味です。

또 봐요 [tto bwa-yo]
※直訳は「また見ます」ですが、「また会いましょう」という意味です。

또 보자 [tto bo-ja]
※直訳は「また見よう」ですが、「また会おう」という意味です。

잘 가 [chal ga]
※「잘(良く)」+「가다(行く)」で「気をつけてね」というニュアンスで用います。

「アンニョ〜ン（안녕）」も「またね」と訳せます！

Column　韓国の祝祭日

日にち	国経日	祝日	備考
1月1日	신정	新正月 (元旦)	旧正月のほうが大事なので元日のみお休み
旧暦 1月1日	설날	旧正月	韓国の伝統的な名節 前後3日間がお休み
3月1日	삼일절	三一節	日本植民地時代の1919年3月1日に始まった独立運動を記念する祝日
旧暦 4月8日	석가탄신일	釈迦誕生日	釈迦の誕生を記念する祝日
5月5日	어린이날	子供の日	子供が正しく育つように、愛好思想を育てるために制定された日
6月6日	현충일	顕忠日	国のために命を捧げた人を弔う日
8月15日	광복절	光復節	日本統治からの解放を祝う独立記念日
旧暦 8月15日	추석	中秋節 (秋夕)	農作物の収穫に感謝する日 前後3日間がお休み
10月3日	개천절	建国記念日 (開天節)	檀君神話に基づいた韓国の建国記念日
10月9日	한글날	ハングルの日	世宗大王によって創製されたハングルを記念する日
12月25日	성탄절 (크리스마스)	聖誕節 (クリスマス)	キリスト教信者が多い韓国では、クリスマスは祝日

旧暦の祝日は、毎年日付が変わります。

旧正月の「**설날**」や、日本のお盆にあたる「**추석**」の日は、大きいデパートやレジャー施設以外はお休みしているお店が多いです。

人口のおよそ半分が里帰りで大移動を行うため、交通機関も混み合っています。

旅行の計画は、確認を十分に行ってください。

また選挙の日は、公的機関や会社がお休みになります。

읽어주셔서 감사합니다

アートディレクション
細山田光宣

カバーデザイン
鎌内 文（細山田デザイン事務所）

カバーイラスト
Yo Hosoyamada

本文イラスト
コナガイ香

本文デザイン・DTP
高橋里佳（Zapp!）

校正
韓 興鉄、山崎春江

編集
金子拓也

思いは言葉に。

あなたの思いを言葉にしてみませんか？ ささいな日常の一コマも、忘れられない出来事も、ブログに書き残せば、思い出がいつかよみがえります。まずは本書の感想から、書き始めてみませんか。

あなたの「知りたい」を見つけよう。

「はてなブログ」は、株式会社はてなのブログサービスです。はてなブログには、経済、料理、旅行、アイドル、映画、ゲームなど、趣味性・専門性の高いブログが揃い、テレビや新聞とはひと味違う視点で書かれた文章がたくさんあります。あなたの知りたいジャンルのブログが、きっと見つかります。

KADOKAWAとはてなブログは、あなたの「書きたい」気持ちを応援します。

本書はKADOKAWAとはてなブログの取り組みで生まれました。

さあ、あなたの思いを書き始めよう。

 Hatena Blog　　https://hatenablog.com　　登録・利用無料

YUKIKAWA（ゆきかわ）
1983年生まれ。韓国語に興味を持ち、2017年に韓国語を独学で学べる
ブログ「ハングルマスター」を開設し、さまざまな単語や使えるフレーズを
紹介。これが大ヒットし、現在「ハングルマスター」は平均月間160万PV
を獲得、大人気ブログへと急成長している。「将来、覚えた韓国語を使って、
韓日交流の架け橋となるような仕事に携わりたい」。そんな思いのもと、日々、
ドラマなどを通して韓国語に触れ、楽しく勉強中。
ハングルマスター：yuki0918kw.com

世界一わかりやすい韓国語の教科書

2021年1月16日　初版発行

2024年8月30日　10版発行

著者／YUKIKAWA

発行者／山下直久

発行／株式会社KADOKAWA
〒102-8177　東京都千代田区富士見2-13-3
電話0570-002-301（ナビダイヤル）

印刷所／大日本印刷株式会社

●お問い合わせ
https://www.kadokawa.co.jp/（「お問い合わせ」へお進みください）
※内容によっては、お答えできない場合があります。
※サポートは日本国内のみとさせていただきます。
※Japanese text only

定価はカバーに表示してあります。